Ganzheitlich Heilen

Buch

Fasten kann mehr sein als eine Reinigung und Entschlackung des Körpers und zu einem wahren Jungbrunnen für Geist und Seele werden. Dazu bedarf es allerdings der richtigen Einstellung und einer qualifizierten Anleitung. Ruediger Dahlke ist der Fachmann auf dem Gebiet der »inneren Alchimie« des Fastens, die Körper und Geist reinigt und harmonisiert. Er schöpft aus seinem reichhaltigen Erfahrungsschatz, den er sich als Arzt und Therapeut angeeignet hat, wobei er der psychologischen wie spirituellen Seite der Fastenkur besondere Aufmerksamkeit schenkt.

Autor

Dr. med. Ruediger Dahlke, Jahrgang 1951, studierte Medizin in München. Weiterbildung zum Arzt für Naturheilweisen, in Psychotherapie und Homöopathie. Seit 1978 ist er als Reinkarnationstherapeut und Fastenarzt tätig. In Zusammenarbeit mit seiner Frau Margit Aufbau und Leitung des Heil-Kunde-Zentrums in D-84381 Johanniskirchen.

Bei Goldmann im Taschenbuch bereits erschienen:

Krankheit als Sprache der Seele (12756)
(mit Thorwald Dethlefsen) Krankheit als Weg (21588)

RUEDIGER DAHLKE

BEWUSST FASTEN

Ein Wegweiser
zu neuen
Erfahrungen

GANZHEITLICH HEILEN
GOLDMANN

Umwelthinweis:
Alle bedruckten Materialien dieses Taschenbuches
sind chlorfrei und umweltschonend.

Der Goldmann Verlag ist ein
Unternehmen der Verlagsgruppe Random House GmbH

Vom Autor durchgesehene
und aktualisierte Taschenbuchausgabe Januar 1996
Wilhelm Goldmann Verlag, München

Umschlaggestaltung: Design Team München
Umschlagfoto: Bavaria/FPG
Satz: DTP-Service Rainer Apel, Wietze
Druck: Elsnerdruck, Berlin
Verlagsnummer: 13900
Ba · Herstellung: Sebastian Strohmaier
Made in Germany
ISBN 3-442-13900-7

6. Auflage

Inhaltsverzeichnis

Atme ich –
oder strömt der Hauch in mich
und läßt mich leben?

Gehe ich –
oder trägt der Wind mich
seinem Ziel entgegen?

Innere Bilder – äußere Zeichen –
wie kann ich finden den Weg –
wenn nicht ich es bin, die geht.
Und ich ginge ins Verderben,
wenn ich nicht zuließe,
getragen zu werden.

Kerstin Dahlke

Einleitung

Nachdem dieses Buch nun siebzehn Jahre seine Kreise gezogen hat, erschien es sinnvoll, die Taschenbuchausgabe gründlich zu überarbeiten. Die Jahre brachten vielfältige Erfahrungen, auch mit größeren Fastenkursen und zahlreiche Reaktionen von seiten der Patienten. Darüber hinaus ist die Zeit nun reifer, der spirituellen Seite des Fastens noch mehr Raum einzuräumen und es fester in den Lebenszusammenhang zu stellen, der ihm von altersher zukommt.

So soll ein eigenes Kapitel Einblick in die biblische Tradition des Fastens geben und ein anderes die Erweiterungsmöglichkeit dieser Therapieform in seelischer Hinsicht beleuchten. Wenn wir uns solch tieferen Dimensionen öffnen, können wir erleben, daß Fasten eigentlich viel mehr ein Weg als eine Therapie ist oder aber eine Therapie, die, wenn man sich ihr ganz anvertraut, auf »den Weg« führt. Um dieses Vertrauen will das Buch vor allem werben, und dazu werden wir all jene Hilfen und Erleichterungen heranziehen, die sich im Laufe der Jahre für ganzheitliche Fastenkuren als förderlich erwiesen haben.

Dem Wesen und der Tiefe des Fastens kommen wir am nächsten, wenn wir einen kleinen Umweg über die esoterische Disziplin der Alchimie machen. Den Alchimisten geht es stets darum, den natürlichen Entwicklungsgang zu beschleunigen und zu intensivieren. Welcher Materie sie sich auch zuwenden, ihr Ziel ist es, sie zu jener höchsten Vollkommenheit zu treiben, wie sie uns etwa für das Mineralreich im Stein der Weisen begegnet. Das Vorgehen ist dabei, abstrakt betrachtet, für alle Bereiche gleich. Zuerst wird die jeweilige Materie in ihre drei Bestandteile Körper, Seele und Geist zerlegt; dann werden die einzelnen Teile bis zur höchsten Vollkommenheit gereinigt, um erst dann wieder im richtigen Verhältnis zusammengefügt zu werden. Das Ergebnis ist der Stein des jeweiligen Reiches.

Dieser Ablauf ist uns nun gar nicht so fern, wie das Wort »Alchimie« vermuten läßt, ist es doch das Urprinzip jeder wirklichen Therapie, ja sogar jeder Reparatur im Alltagsbereich. Auch ein Auto wird nach diesem Schema instand gesetzt: Zuerst wird es zerlegt, dann wird die beschädigte Stelle ausgebessert, was heute meist eine Erneuerung bedeutet, manchmal aber auch im wörtlichen Sinne eine Reinigung sein kann, und schließlich wird alles wieder zusammengefügt.

Auch jede »Operation« in der Medizin sollte diesem Ablauf folgen, bis hin zur einfachsten Massage. Am Beispiel Massage können wir noch etwas anderes, nicht minder Wichtiges, sehen: Es ist sehr leicht, massierend einen Körper zu zerlegen, d. h. aus dem Gleichgewicht zu bringen; es ist schon viel schwerer, ihn dann zu reinigen, d. h. sinnvolle Entschlackungsprozesse im Gewebe in Gang zu bringen, und es ist sehr schwer, die Teile wieder zu einem harmonischen Ganzen zusammenzufügen. Die hier gefundenen Schwierigkeitsgrade der einzelnen Stufen sind durchaus auf andere Gebiete übertragbar. So ist auch in der Alchimie der letzte Schritt der schwierigste und entscheidende, genau wie bei der Autoreparatur und jeder Psychotherapie. Auch für das Fasten stimmt diese Gewichtung, wie wir später noch genauer sehen werden. Auch hier ist die Aufbauzeit am Ende der Fastenkur der schwierigste und alles Weitere entscheidende Abschnitt. Die Zeit der Zerlegung entspricht den ersten ein bis drei »Hungertagen«, die mit der entsprechenden Einstellung und einigen Hilfen ziemlich leicht zu überstehen sind; die dann folgende unterschiedlich lange Phase der Reinigung ist sogar sehr einfach beim Fasten, denn hier nimmt uns die dem Körper innewohnende Intelligenz das meiste ab. Diese Phase ist um so leichter, je mehr wir dieser Intelligenz, dem inneren Arzt oder unserer inneren Stimme, vertrauen lernen.

Diesen typischen Dreier-Aufbau der Alchimie von Anfang an im Bewußtsein zu haben, erleichtert vieles. Die Analogie zwischen Fasten und dem alchimistischen Prozeß mit seiner Aufspaltung in Körper, Seele und Geist geht sogar noch weiter, denn auch beim Fasten kommt es zu einer gewissen Lösung des Bandes zwischen Körper und Seele, und beide werden für sich und auch gemeinsam einer tiefgehenden Reinigung unterzogen. So kann man das Fasten mit gleichem Recht als Psychotherapie wie als Körperbehandlung betrachten. Ähnlich wie die Körperbehandlung wird auch die Psychotherapie beim Fasten von unserem inneren Arzt geleitet, ob wir nun an seine Existenz glauben oder nicht. Wenn wir allerdings an ihn glauben und uns seinem Wirken bereitwillig öffnen, tun sich hier noch zusätzlich wundervolle Wege auf. Der enorme Vorteil des inneren Arztes gegenüber jedem Äußeren ist es, daß er keine

Fehler macht, er geht die Ablagerungen und Knoten in Körper und Seele zur richtigen Zeit und in der richtigen Reihenfolge an, weder unter-, noch überfordert er uns; ja, er kennt uns als Teil unseres eigenen tieferen Wesens besser, als wir selbst uns bewußt kennen. Je mehr es uns gelingt, von seinem Wissen in unsere Kur einfließen zu lassen, desto leichter können wir durch alles hindurchgehen. Und tatsächlich kann uns wirkliches Fasten, das sich all seiner Möglichkeiten bewußt ist, einen weiten, wenn nicht den ganzen Weg leiten.

Fasten ist die ideale Umsetzung des alchimistischen Prinzips »Solve et coagula« in das menschliche Leben, und wir können es mit gutem Recht als inneren alchimistischen Vorgang betrachten, ja, vielleicht könnte man es sogar als Teil jenes Weges sehen, der den Stein der Weisen im Menschen schaffen will. Dieser Weg ist im wahrsten Sinne des Wortes Wunder-voll. »Löse und binde« heißt das Zauberwort, und in seiner scheinbaren Widersprüchlichkeit offenbart sich uns bereits eines der Paradoxa, die uns auf diesem Weg immer wieder begegnen werden. Der Gang durch die polare Welt der Gegensätze ist mit Widersprüchen und Paradoxa gepflastert. Doch können wir ihn ruhig gehen. Es gibt in der polaren Welt gar keinen anderen, und darüber hinaus befinden wir uns in guter Gesellschaft. Denn je weiter etwa auch unsere moderne Wissenschaft vorstößt desto paradoxer werden ihre Ergebnisse (vgl. die Lichttheorie: Licht ist Welle und Korpuskel zugleich – beides schließt sich jedoch logischerweise aus).

Als alchimistischer Weg für Körper und Seele hat Fasten seinen Platz im Umfeld esoterischer Disziplinen offenbar zu

Recht. Aber auch sein Platz in der Naturheilkunde gebührt ihm wie kaum einer anderen Methode. Die Unterscheidung zwischen Schulmedizin und Naturheilkunde ist ja heute durchaus unklar und basiert sicherlich nicht auf Kriterien von »Natürlichkeit«. Schließlich ist das bekannteste Antibiotikum »Penicillin« ein natürlich vorkommender Schimmelpilz, und Cortison, eines der Lieblingsmittel der Schulmedizin und das Schreckgespenst vieler Naturheilkundler, ist ein im menschlichen Organismus natürlich und ständig vorkommendes Hormon, wohingegen die Homöopathie überhaupt nicht natürlich ist, treten doch nirgendwo in der Natur Hochpotenzen auf.

Fasten dagegen ist wirklich natürlich und rechnet so im wahren Sinne des Wortes zur Natur-Heil-Kunde, ist es doch das bewährte Mittel aller Tiere bei Krankheit und auch aller naturnahen Menschen, wie etwa auch noch unserer Babys. Allerdings wird die Natur und damit auch die Naturheilkunde dem Fasten in seiner ganzen Weite nicht gerecht. Denn schauen wir genau hin, so handelt es sich bei diesen natürlichen Fastensituationen eher um Hungerperioden oder instinktiven Nahrungsverzicht. Zum Fasten aber gehört unbedingt *Bewußtsein*. Damit aber übersteigt Fasten die Kompetenz der Naturheilkunde deutlich, die ja, in ihrem Denken der Schulmedizin nicht unähnlich, ihre Aufgabe im Kampf gegen Symptome sicht. Fasten setzt Bewußtsein und eine bewußte Entscheidung voraus. Letztlich steht und fällt der Erfolg jeder Kur mit unserer Einstellung und der daraus erwachsenden Entscheidungs- und Verantwortungsbereitschaft.

Mit der *»Verantwortung«* haben wir erneut einen zentralen Begriff des Fastens gefunden. Hier sind wir wohl auch bei der Erklärung, warum eine dermaßen tiefgehende Therapie, die obendrein noch Körper und Seele gleichermaßen erfaßt, heute immer noch so wenig Anklang in der Medizin findet. Sogar in Zeiten, wo alle Beteiligten die explodierenden Kosten des Gesundheitswesens eindämmen wollen, findet eine der wirksamsten und die mit großem Abstand billigste Therapie kaum offizielle Beachtung. Der Grund liegt wohl in der »Verantwortung«; denn Fasten verlangt die volle und eigene Verantwortung des Patienten. Wenig aber ist heute so unpopulär wie Verantwortung tragen für den eigenen Körper, das eigene Wohlergehen. Das ist vielmehr Sache von Krankenkassen, Ärzten, Psychologen und vielen anderen Verantwortungsspezialisten geworden. Schaut man genauer hin, findet sich allerdings bei denen gar keine wirkliche Verantwortung; die wird letztlich so anonymen Gebilden wie der Gesellschaft aufgebürdet. Therapie geht heute meist den Irrweg, den Patienten scheinbar Verantwortung abzunehmen. Das Fasten folgt diesem Trend nicht, und damit bleibt es bei der großen Masse der Menschen eher unpopulär, bleibt mehr ein Weg für Suchende als eine Therapieform. Daß es sich in den letzten Jahren doch immer mehr durchsetzt, hat offenbar mit einem breiten Erwachen und der zunehmenden Suche nach Zielen, die dem Leben wieder Sinn geben können, zu tun.

Ist man sich einmal auf seinem persönlichen Entwicklungsweg klargeworden, daß es letztlich ganz unmöglich ist, die Verantwortung für sich selbst abzugeben, da ja z. B. die

Gesellschaft doch nicht für einen lernen oder Schmerz leiden oder gar sterben kann, so bietet sich Fasten als idealer Weg des bewußten und eigenverantwortlichen Fort-Schritts an. Natürlich spielt dann das Körpergewicht keine große Rolle mehr, sondern die Bewußtseinsentwicklung tritt in den Vordergrund. Anstelle von funktionalen Maßnahmen, die auf direkt greifbare materielle Ergebnisse zielen, treten wie von selbst Rituale, die ihren Sinn in sich finden, als Teil des Entwicklungsweges.

Uns auf diesem Weg zu unterstützen, ist wohl die schönste Möglichkeit des Fastens, für sie Vertrauen zu schaffen, soll Anliegen dieser Schrift sein. Vertrauen wächst aus Sicherheit, dem Gefühl des Aufgehobenseins und aus Ehrlichkeit. So kann es durchaus Vertrauen geben, uns einzugestehen, daß wir letztlich die ganze Verantwortung für uns und unser Leben, also auch für unser Fasten selbst tragen – Zutrauen nämlich zu uns selbst und unseren Möglichkeiten. Wir sind auf uns angewiesen, und wir werden starke und jetzt vielleicht noch ganz unvorstellbare Hilfe in uns selbst finden.

Soweit Hilfestellung von außen möglich ist, mag sie durchaus auch von einem Arzt kommen, am besten einem, der so verantwortungsbewußt ist, daß er nicht vorgibt, seinen Patienten die Verantwortung abnehmen zu können. Auch dieses Buch möchte Hilfestellung geben und den Boden bereiten, auf dem Zutrauen zur eigenen Kraft, zum eigenen inneren Arzt, wachsen kann. Deshalb wird es versuchen, einen Rahmen abzustecken, der so verläßlich ist, daß er die ersten Schritte sicher begleitet, aber auch nicht so eng, daß er auf Dauer bindet. Jeder

Ratschlag und jede Wahrheit hat ihre Zeit, und was im Anfang sinnvoll ist, mag zum Schluß ganz überflüssig sein. Zuerst empfehle ich deshalb, den Hinweisen sehr aufmerksam zu folgen, etwa im Sinne Hahnemanns, der seinen Homöopathie-Schülern riet: »Macht es nach, aber macht es genau nach!« Besonders dort, wo sich Widerstand gegen einen Ratschlag regt, ist Aufmerksamkeit angebracht, denn gerade da muß ja ein eigenes Problem liegen – wo käme sonst der Widerstand her? Probleme aber lösen sich auch beim Fasten kaum durch Mißachtung. Gerade das, was uns Widerwillen macht, sollten wir also unserer besonderen Zuwendung versichern. All die Ausnahmen, die wir für uns beanspruchen, können uns auf Um- und Irrwege leiten. Wenn eine Maßnahme für uns tatsächlich überflüssig ist, sehen wir es noch am ehesten daran, daß wir sie genausogut und vor allem ohne Widerstand durchführen können, und später kann sie ja immer noch wegfallen. Und das gerade Gesagte gilt tatsächlich nur für die ersten Fastenkuren. Später, wenn Sie Ihre Erfahrungen im sicheren Rahmen gemacht haben, wird sich durchaus ein eigener, individueller Weg herauskristallisieren. Das Fasten erleichtert diesen Prozeß sogar, denn es macht uns wie nur wenig anderes sensibel und empfänglich für Hinweise aus unserem Inneren. All die Anweisungen und Rezepte, die am Anfang wichtig sind, werden dann überflüssig. Solange man nicht alleine gehen kann, sollte man bereitwillig Krücken benutzen, hat man aber gehen gelernt, ist es Zeit, die Krücken beiseite zu legen. Wer bei seiner 25. Fastenkur immer noch sklavisch nach Rezepten lebt, ähnelt einem 20jährigen Schwimmer, der aus alter Gewohnheit nicht auf den

Schwimmreifen verzichten will. Gewohnheiten sind gefährlich auf dem Entwicklungsweg, und es gilt, sie zu durchschauen und aufzulösen. Wo ihr Inhalt notwendig ist, wie etwa bei den täglichen Reinigungsübungen, ist es am besten, sie mit Bewußtsein zu füllen und so zu lebendigen Ritualen zu machen. Der Unterschied zwischen einer lästigen Gewohnheit und einem Ritual liegt »nur« in der Bewußtheit. Dieser scheinbar so kleine Unterschied ist in Wirklichkeit ein riesiger. Ist es doch auch der Unterschied zwischen einem Zen-Schüler, der immer wieder dieselbe Übung macht, und einem Fließbandarbeiter, wie auch der zwischen einem Spießbürger und einem Erleuchteten. Ein verwirklichter Zen-Meister wurde einmal von einem Fremden gefragt, worin das Geheimnis seiner Erleuchtung bestünde, und er antwortete: »Wenn ich liege, liege ich und wenn ich sitze, sitze ich, wenn ich stehe, stehe ich und wenn ich gehe, gehe ich.« »Das kann es nicht sein«, entgegnete der Schüler, »denn das tu ich ja auch«. »Ganz und gar nicht«, antwortete der Meister: »Wenn du liegst, sitzt du schon fast, wenn du sitzt, stehst du schon, und wenn du stehst, gehst du schon in Gedanken.«

Das Bewußtsein ist nicht nur, aber auch beim Fasten der entscheidende Punkt. Es fällt die Entscheidungen und stellt die Weichen. Wenn wir bewußt sind, können wir kaum Fehler machen, und bewußt sind wir noch am ehesten, wenn wir wach sind; wach sind wir, wenn wir wie jener Zen-Meister an jenem Ort, wo wir sind, wirklich sind, wenn wir in jenem Moment, in dem wir leben, wirklich leben. Eigenverantwortung und Ehrlichkeit werden dann zur Selbstverständlichkeit und die morgendliche Dusche zu einem heiligen Reinigungsritual, die Tasse Tee zur Tee-Zeremonie und die ganze Fastenkur zu einer vollendeten Meditation, einem rituellen Tanz um unsere eigenen Mitte.

Essen und Fasten

Essen und Fasten gehören zusammen wie Schlafen und Wachen, Ausatmen und Einatmen, sind zwei Seiten derselben Medaille. Unser ganz natürlicher Lebensrhythmus umschließt beide Pole – wir leben einen ständigen Wechsel zwischen Essen- und Fastenperioden –, nur der Rhythmus ist veränderbar, die Sache an sich nicht. Mit fortschreitender Zivilisation ist diese Wahrheit fast in Vergessenheit geraten, die Fastenperioden wurden immer kürzer, und Essen ist heute bei uns so selbstverständlich und so reichlich vorhanden, daß man es praktisch dauernd tun könnte – gesünder oder gar glücklicher sind wir dadurch allerdings sicher nicht geworden. Als der Mensch sich noch ursprünglicher mit der Natur auseinandersetzen mußte, gab es notgedrungen längere Fasten- oder wohl eher Hungerperioden. Aber nicht nur die zivilisatorische Entwicklung hat die Fastenzeiten reduziert und die Mahlzeiten betont, vor allem der Niedergang der großen Religionen beendete eine lange Tradition religiösen Fastens. Zugunsten weltlicher Macht gaben die Religionen immer mehr inhaltliche Positionen auf. Klägliche Reste sind noch das karfreitägliche Fasten, das Osterfasten der Griechisch-Orthodoxen, das Jom-Kippur-Fasten der Juden.

In der Medizin hat das Fasten eine recht wechselnde Geschichte, wechselnd mit den jeweils amtierenden Vordenkern zwischen Euphorie und Ablehnung. Heute ist es wieder ganz aktuell – allerdings mit stärkster Betonung des körperlichen Aspektes, ja die Leugnung des religiös-spirituellen Aspektes muß geradezu dafür herhalten, es dem heutigen Menschen unverdächtig und »schmackhaft« zu machen. Der Grund für den Aufschwung des Fastens ist sehr offensichtlich: Die westliche Menschheit hat begonnen, sich so weit auf den einen, materialistischen Pol vorzuwagen, daß sie nun berechtigte Angst um ihr körperliches Wohlergehen bekommt – zumal verschiedene Vertreter bereits an der eigenen Masse zugrunde gehen. *Übergewicht ist letztlich eine Krankheit, heute schon eine Volkskrankheit und die Fettsucht eben eine Sucht.* Und wie jede Krankheit stellt auch sie eine Aufforderung dar, eine Möglichkeit, geheilt – heiler zu werden, und so ist sie letztlich eine Chance. Fettsucht ist durch ledigliche Beseitigung der Symptome ebensowenig zu heilen wie irgendeine andere Krankheit. Das zeigen im Falle der Süchte die sehr hohen Rückfallquoten und in anderen Fällen die Symptomverschiebungen, die heute durch das Weiterschicken von Spezialist zu Spezialist nur weniger ins Auge stechen. Durch den Fortschritt der symptomatisch behandelnden Medizin wird die Menschheit vielleicht beruhigt, aber offensichtlich nicht gesünder – und zum Glück nicht, wenn man Krankheit als Zeichen begreift – als Zeichen für das Verlassen des Entwicklungsweges. Im Hinterfragen und schließlichen Verstehen des Symbols Krankheit liegt ja die Chance, wieder zurückzufinden auf den Weg zur Heilung – zum Heil. Auseinandersetzung mit dem Zeichen

Krankheit setzt voraus, daß man es erst einmal als solches annimmt, die Verantwortung übernimmt, und sich die unpopuläre Frage stellt, warum passiert gerade mir gerade das, gerade jetzt – und eben nicht mit dem Schicksal hadert, sondern es auf sich bezieht.[1] Entrüstete Feststellungen, ein anderer esse viel mehr und werde trotzdem nicht dick, führen weg von der Heilung in Richtung Verbitterung bzw. Kampf gegen die eigene Lernaufgabe, die man nicht mit den Aufgaben anderer vergleichen sollte. Es geht darum, zu erkennen und anzunehmen, daß man genau das erlebt, was man (sich) verdient hat. Jeder muß genau sein Problem lernen, was nicht zufällig am schwersten erscheint, sonst hätte er es wahrscheinlich schon gelöst. Dann wäre es eben auch nicht mehr sein Problem. Sicherlich ist es richtig, daß es auf verschiedenen Ebenen verschiedene, für die jeweilige Ebene auch durchaus gültige Erklärungen gibt. Die Drüsen spielen eine Rolle, auch Vererbung, Konstitution, psychische Belastungen usw. Diese relativ vordergründigen Erklärungen haben alle ihren Wert und bieten auch Möglichkeiten für therapeutische Ansätze, gefährlich werden sie nur, wenn sie als Ausreden dienen, um sich nicht mit dem eigenen Problem auszusöhnen bzw. wenn sie den Blick auf die »tieferen Ursachen« verstellen. »Vordergründig« soll hier nicht heißen, daß sie unwichtig sind, vielmehr soll nur ihr Platz in der langen Kette von der »letzten Ursache« bis zum gegenwärtigen Symptom bezeichnet werden. Auch »esoterische« Erklärungen werden häufig mißbraucht, um an den

1 Dethlefsen T./Dahlke R., *Krankheit als Weg*

eigenen Problemstellungen vorbeizuleben. Ein Stier- oder Schütze-betonter Mensch wird sich wahrscheinlich schwerer tun, seine Essensgewohnheiten in Harmonie zu bringen – um so mehr wird gerade er den Umgang mit seinen Prinzipien daran lernen können. Ein Jungfrau-betonter Mensch mag da vom Schicksal begünstigt sein. Nur, die Verantwortung einer Stier-Sonne zuzuschieben, ist auch nicht esoterischer, als sie bei den Genen zu suchen. Dem Fett-Polster und dem in ihm liegenden Problem werden beide Wege jedenfalls nicht gefährlich. Dazu muß man die Verantwortung schon selbst übernehmen.[1]

1 Dahlke, R., *Gewichtsprobleme*

Fasten zwischen Symptomtherapie und religiösem Ritual

An der Problematik des Übergewichtes lassen sich einige – wenn nicht *die* Grundprobleme der heutigen Menschen aufzeigen. Einem Überangebot an materiellen Dingen steht in den Industrieländern eine Leere an geistigen Inhalten gegenüber, während es in den sogenannten unterentwickelten Ländern nahezu umgekehrt ist. Wir wollen aber bei unserem westlichen Problem bleiben. Tatsächlich wird der hier wohl nach wie vor vorhandene Hunger nach geistigen Inhalten in Ermangelung geistiger Nahrung mit materiellen Dingen gestillt – zum Großteil auch mit Essen. Das urmenschliche Bedürfnis zu wachsen, sich auszudehnen, wird jetzt plötzlich auf einer körperlichen Ebene gelebt, weil die geistige durch verschiedene Barrieren blockiert ist. Es handelt sich hier offenbar um eine Ebenenverschiebung – die Psychoanalyse würde sagen, um eine Ersatzbefriedigung und Verschiebung auf die orale Sphäre.

Es geht nun aber nicht darum, dieses Problem mit irgendeiner Theorie zu erklären, sondern es im individuellen Fall zu erkennen und weder einfach das Fehlverhalten zu unterbinden (klassische »Entzugs«-Therapie) noch das an sich evolutionäre Suchen zu verhindern, sondern vielmehr darum, das Suchen bewußt zu machen und ihm einen Ausweg aus den Tortenbergen, den Rauschmitteln usw. zu eröffnen.

Die Erfolge mit »Entzugs«-Therapien, die einfach das Suchtmittel wegnehmen, waren schon immer minimal, wohingegen Therapien, die die Suchtebene durch eine andere Ebene ersetzen, oft gute Erfolge haben. Esoterisch betrachtet wird das immer dann der Fall sein, wenn sie Verschiebung innerhalb der senkrechten Symbolkette bleibt (bei Drogensucht also zum Beispiel innerhalb der Neptun-Kette). Einige Beispiele aus dieser Kette für diejenigen, die mit dieser Art des Denkens in senkrechten Symbolketten ganz unvertraut sind: unter Neptun kämen etwa: *Drogen,* Gifte, Chemie, Nebel, Verschleierung, *Meditation,* Infektion, Auflösungsprozesse, Räucherstäbchen, *Religion* . . .

Einen weitergehenderen Fortschritt würde es bedeuten, dem Patienten die Möglichkeit zu geben, selbst eine Ebene zu finden, auf der er sein Problem in einem evolutionären Sinne lösen kann. Das sollte Ziel einer wirksamen Therapie sein.

Fasten als rein mechanischer Vorgang, etwa aus ästhetischen Erwägungen oder aus Angst vor Folgekrankheiten muß also oft mit einem Mißerfolg enden. Zwar kann man das Gewicht kurzfristig reduzieren, aber das noch unveränderte Bewußtsein führt bald wieder in die alte Situation. Ein Bewußtseinsschritt ist die entscheidende Voraussetzung für einen dauerhaften Erfolg. Andererseits fördert das Fasten selbst ein Bewußtwerden, eine psycho-physische Sensibilisierung. Es bewirkt neben der körperlichen Reinigung auch eine seelische Klärung, so daß selbst bei primär materialistischer Einstellung die Chance besteht, daß das ganze Vorhaben umschlägt und durch die Umstimmung bis in tiefere seelische

Ebenen auch die Anfangsmotivation auf ein neues Niveau gehoben wird.

Wohl auch deshalb war Fasten immer ein religiöses Ritual, das in allen großen Religionen eine Rolle spielt, wenn es auch heute, wie viele andere Inhalte, seine Bedeutung fast verloren hat, bzw. bis zur weitgehenden Sinnlosigkeit »reformiert« wurde.

In der Praxis erweist es sich in vielen Fällen als vorteilhaft, Fasten wegen des psycho-physischen Reinigungseffektes als Begleitmaßnahme zu Meditationskursen und bewußtseinserweiternden Psychotherapien einzuführen. Der Patient erlebt in diesen Therapien die eigene Verantwortung für sein heutiges So-sein, erlebt, daß es ausschließlich auf ihn selbst ankommt. Er erfährt auf seelischer und körperlicher Ebene, daß mit dem Kampf gegen die Probleme nichts zu erreichen ist, außer höchstens eine Frontverschiebung bei weitergehendem Stellungskrieg. Der Kampf gegen das Übergewicht mündet ja auch tatsächlich in vielen Fällen in einen Krampf mit Kalorientabellen, strengen Diätvorschriften usw. Es geht darum, das Problem an sich zu erkennen und durch einen Bewußtseinsschritt zu erlösen. Solange noch jedes Tortenstück eine Herausforderung, eine Bedrohung darstellt, sind wir nicht bloß sprachlich noch in der Terminologie des Krieges gefangen, sondern auch bei erkämpftem Idealgewicht noch mitten im Problem »Fettsucht«. Das ist etwa wie beim Rechnenlernen. Natürlich kann man sich ein Leben lang vor Rechenaufgaben hüten. Solange man sie aber nicht lösen kann, ist jede gestellte Aufgabe eine Bedrohung. Hat man aber einmal das Prinzip verstanden, werden sich ähnliche Aufgaben zwar später noch oft stellen, aber sie sind eben kein Problem mehr, weil man einen Bewußtseinsschritt gemacht hat. Es geht also darum, einem fett-süchtigen Menschen die Erfahrungen zu vermitteln, daß sein Hunger richtig ist und auch sein Suchen, daß er nur zeitweilig an der falschen Küste gestrandet ist und besser sein Schiff wieder flott machen und weiter suchen sollte, um seinen Hunger befriedigender zu stillen. Tatsächlich ist es ja auch eine häufige Erfahrung, daß, je übergewichtiger ein Mensch ist, desto schwerer sein Hunger zu stillen ist. Der Hunger nach Sinnhaftigkeit läßt sich eben nicht durch Essen stillen, er wird dabei langfristig eher stärker.

Nun ist ja Fasten nicht nur etwas für Fettsüchtige – es scheint mir aber wichtig, gerade für diese Gruppe ganz deutlich festzustellen, daß es als symptomatische Maßnahme auch nicht viel sinnvoller ist als andere Symptombehandlungen, die eben am Problem vorbeigehen müssen. Allerdings bietet sich aus dem Fasten heraus eine sehr gute Möglichkeit, an tiefere Ebenen heranzukommen, da mit der körperlichen Umstellung auch eine seelische einhergeht und es zu einer ganz natürlichen Wendung nach innen kommt.

Da Fasten, richtig durchgeführt, eine praktisch ungefährliche Maßnahme zur Entschlackung ist, bringt es auch Therapieerfolge bei verschiedenen organischen Krankheiten. Wegen der Ungefährlichkeit und der großen Tiefe der Wirkung sollte es auch unter den symptomatischen Behandlungsmethoden einen vorderen Rang einnehmen, wobei es hier seiner größten Möglichkeiten beraubt wird, denn die liegen ganz entschieden in der geistigen Dimension.

So finden sich in der Geschichte der Religionen viele Beispiele, die die Bedeutung des Fastens für die geistige und körperliche Entwicklung hervorheben. Im alten Ägypten und Mexiko, in Griechenland und Persien war es üblich, sich auf religiöse Feste durch Fasten vorzubereiten. Noch heute sollen islamische Pilger auf der Hin- und Rückreise nach Mekka einige Tage fasten. Bei den Sufis ist das 40tägige Fasten noch immer Tradition. Es ist relativ sicher, daß die großen Religionsstifter, Moses, Jesus, Mohammed, Buddha und Chankaracharya intensive Fastenerfahrungen hatten, ja, daß sie wichtige Erkenntnisse in diesen Perioden der Zurückgezogenheit gewannen. Von Mohammed stammen die Worte: »Beten führt auf halbem Wege zu Gott, Fasten bringt uns an die Tür des Himmels.« An anderer Stelle sagte er: »Fasten ist Euch anbefohlen, damit Ihr lernt, Euch gegen das Böse zu schützen.« Buddha soll über das Fasten sinngemäß gesagt haben: »Wenn all mein Fleisch hinwegschwindet, wird die Seele immer heller, des Geistes Wachsein immer fester.« Zu Buddhas Lebzeiten gehörte das Fasten zum Ordensleben, genau wie das Essen, letzteres allerdings nur einmal am Tag.

Betrachten wir die Haltung der großen Ärzte der Vergangenheit zum Fasten, so wird auch hier deutlich, wie wichtig sie es nahmen und daß sie es bereits bis in Dimensionen kannten, die wir erst heute wieder »neu entdecken« müssen: Galenus: »Die Seele wird durch zu viel Fett, wird durch zu viel Blut und Fett erstickt und ist dann nicht fähig, göttliche und himmlische Dinge einzusehen und zu beurteilen.« Avicenna, der wohl berühmteste Arzt des Mittelalters, behandelte mit Fastenkuren wie auch Paracelsus. Hippokrates: »Der Hunger wirkt auf die Natur des Menschen mit großer Kraft ein und kann als ein Mittel angesehen werden, das zur Heilung führt.«

All diese Berichte und Zitate zeigen uns, daß sich der Fastende durchaus in einer alten und verläßlichen Tradition bewegt.

Fasten in der biblischen Tradition

In diesem Kapitel wollen wir uns nun tiefgehender mit den Wurzeln dieser uralten Methode in unserer eigenen Kultur beschäftigen. Wie wir sehen konnten, hat das Fasten seine Tradition in allen Kulturen und ist sicherlich nichts »Christliches«, ja, es reicht auch bei uns bis weit vor das Christentum zurück, eben bis in biblische (alttestamentliche) Zeiten und noch weiter. Andererseits hat es sich aber gerade auch in die Religion, die unseren Kulturkreis prägt, tief verwurzelt, und so wollen wir ihm da besonders nachspüren. Zum einen mag das Angst auflösen, wenn wir feststellen, wie lange diese Methode schon mit Erfolg praktiziert wird, und zum anderen kann es auch Verständnis bringen für ihre tieferen Möglichkeiten. Vielleicht weckt es sogar Interesse für eine fast vergessene religiöse Praxis, zu einer Zeit, in der unsere Religion fast alle praktischen Erfahrungsmöglichkeiten verloren hat.

Auf der anderen Seite ist das religiöse Verständnis nicht zwingend für eine erfolgreiche Fastenkur und kann, wie dieses ganze Kapitel, auch weggelassen werden. Das Eintauchen in die religiöse Vergangenheit mag zwar nicht nötig, kann aber für jene, die vorurteilsfrei mitgehen können, durchaus notwendig werden. So wollen wir weit zurückgehen und finden tatsächlich schon ganz am Anfang der Bibel, im 3. Buch Mose, eine Stelle, wo Gott das Fasten zur *Sühne* und *Reinigung,* zum ewig gültigen Gesetz erhebt:

»Und folgendes soll euch als ewige Satzung gelten: Am 10. Tag des 7. Monats sollt ihr fasten und keinerlei Arbeit verrichten (. . .). Denn an diesem Tag schafft man euch Sühne, indem man euch reinigt; von allen euren Sünden sollt ihr rein werden vor dem Herrn. Ein hoher Festtag soll es für euch sein, und ihr sollt fasten; das ist ewig gültige Satzung.« (3. Mos. 16,29)[1]

Auch später gibt es viele Stellen, wo Gott Fasten entweder als Sühne und Reinigung fordert oder aber die Israeliten es von sich aus zur *Buße* durchführen: (1. Samuel 7,6): Nachdem die Israeliten sich den fremden Göttern, Baal und Astarte, zugewandt hatten, ermahnte Samuel sie, zum Herrn zurückzukehren: »Da kamen sie in Mizpa zusammen, schöpften Wasser und gossen es aus vor dem Herrn, und sie fasteten an jenem Tage und sprachen: ›Wir haben gegen den Herrn gesündigt.‹«

Als Daniel für sich und sein Volk um Vergebung bittet, spricht er:

»Da wandte ich mein Angesicht zu Gott, dem Herrn, um unter Fasten in Sack und Asche zu beten und zu flehen.« (Daniel 9,3)

Im Bußruf des Propheten Joel heißt es: »Doch auch jetzt noch spricht der Herr, kehret um zu mir von ganzem Herzen, mit Fasten und Weinen und Klagen.« (Joel 2,12)

---

1 Alle Bibelstellen sind nach der von den beiden großen christlichen Konfessionen akzeptierten Zürcher Bibel zitiert.

»Stoßt in die Posaune auf Zion, sagt ein heiliges Fasten an, beruft die Gemeinde.« (Joel 2,15)

Eine wichtige Rolle spielt das Fasten für die Israeliten auch in Zeiten der *Trauer,* und wir werden später sehen, daß hier ein tiefes archetypisches Verständnis zum Ausdruck kommt (Saturnsymbolik).

Als Saul und seine Söhne von den Philistern besiegt und ihre Leichname geschändet worden waren, holten die Männer von Jabes die Leichen, verbrannten sie, und »dann nahmen sie ihre Gebeine und begruben sie unter der Tamariske in Jabes und fasteten sieben Tage lang«. (1. Samuel 31,13)

»Da faßte David seine Kleider und zerriß sie, und ebenso alle Männer, die bei ihm waren, und sie hielten die Totenklage und weinten und fasteten bis zum Abend um Saul . . .« (2. Samuel 11)

Im Buch Esther heißt es: »Auch in jeder einzelnen Provinz, wohin immer des Königs Wort und Gesetz gelangte, war große Trauer bei den Juden und Fasten und Weinen und Klagen . . .« (Esther 4,3)

Schließlich war Fasten den Israeliten auch das bewährte Mittel, um Gott ihre *Demut* zu zeigen und seine *Gnade und Hilfe* zu *erbitten:* »Und David suchte den Herrn auf um des Kindes willen und fastete.« (2. Samuel 12,16) In diesem Fall nimmt der Herr Davids Fürbitte nicht an, und dessen Sohn stirbt. Als aber Ahab fastet, um den Herrn zu versöhnen, spricht dieser zu Elia: »Hast du gesehen, wie sich Ahab vor mir gedemütigt hat? Weil er sich nun vor mir gedemütigt, will ich das Unglück nicht schon zu seinen Lebzeiten herbeiführen.« (1. Könige 29)

Der Schriftgelehrte Esra beschreibt seinen Aufbruch mit einer Schar Israeliten von Babel nach Jerusalem: »Dann ließ ich daselbst am Ahawaflusse ein Fasten ausrufen, damit wir uns vor unserem Gott demütigten, um von ihm eine glückliche Reise für uns und unsere Familien und alle unsere Habe zu erbitten.« (Esra 8,12) »Also fasteten wir und erflehten uns die Hilfe unseres Gottes in dieser Sache, und er ließ sich erbitten.« (Esra 8,23)

Vor dem Kampf der Juden gegen den König Antiochus Eupator, wo sie auf Judas Rat Tag und Nacht den Herrn anriefen: »Nachdem sie dies alle einmütig getan und den barmherzigen Herrn mit Weinen, Fasten und Niederfallen drei Tage lang unablässig angefleht hatten, rief sie Judas auf und befahl ihnen, sich bereit zu halten.« Nach dieser Vorbereitung gewannen sie den scheinbar aussichtslosen Kampf. (2. Makkabäer 13,12)

In ihrer Angst beim Nahen der Heere des Assyrerkönigs Nebukadnezar wandten sich die Israeliten um Hilfe zum Herrn. »Und der Herr hörte auf ihr Rufen und hatte ein Einsehen mit ihrer Not. Das Volk aber fastete mehrere Tage in ganz Judäa und in Jerusalem vor dem Heiligtum des allmächtigen Herrn.« (Judith 4,13)

Und weiter: »Alle Männer Israels aber riefen Gott mit großer Inbrunst und demütigten sich mit strengem Fasten.«

Nun ist aber der Gott der Bibel mit dieser menschlichen Auffassung des Fastens und der darin mitschwingenden Berechnung durchaus nicht immer zufrieden gewesen, und wir finden schon im Alten Testament Stellen, wo er seine eigene Vorstellung zum Ausdruck bringt, etwa bei Jesaja:

»Warum, so sprechen sie, fasten wir, und du siehst es nicht? Warum kasteien wir uns, und du beachtest es nicht?« »Siehe, an eurem Fasttag geht ihr dem Geschäfte nach, und alle eure Arbeiter drängt ihr. Siehe, ihr fastet zu Zank und Streit und zum Schlagen mit ruchloser Faust. Ihr fastet zur Zeit nicht so, daß eure Stimme in der Höhe gehört würde. Ist das ein Fasten, das mir gefällt: ein Tag, da der Mensch sich kasteit? Daß man den Kopf hängen läßt wie die Birne und in Sack und Asche sich bettet – soll das ein Fasten heißen und ein Tag, der dem Herr gefällt? Ist nicht das ein Fasten, wie ich es liebe: daß du ungerechte Fesseln öffnest, die Stricke des Joches lösest? Daß du Mißhandelte ledig läßest und jedes Joch zerbrichst? Daß du dem Hungrigen dein Brot brichst und Arme, Obdachlose in dein Haus führst? Wenn du einen Nackten siehst, daß du ihn kleidest und dich den Brüdern nicht entziehst? Dann wird dein Licht hervorbrechen wie die Morgenröte und deine Heilung eilends sprossen . . .« (Jesaja 58,3–9) Und bei Sacharja (7,3) wird er noch deutlicher: Als die Propheten in der Not vom Volk befragt wurden: »Sollen wir auch fernerhin im fünften Monat trauern und fasten, wie wir es nun schon so viele Jahre getan haben?« Die Antwort ist klar und kompromißlos: »Wenn ihr nun schon siebzig Jahre lang im fünften und siebten Monat gefastet und geklagt habt, habt ihr da für mich gefastet? Und wenn ihr eßt und wenn ihr trinkt, eßt ihr da nicht für euch, und trinkt ihr nicht für euch?«

Es ist das ja schon fast eine Aussage zu dem, was wir heute funktionales Fasten nennen würden: Die Regeln werden äußerlich befolgt, innerlich aber geschieht nichts. Mit diesem

Fasten ist Gott nicht zufrieden, und auch heute ist es relativ wenig, verglichen mit einem Fasten, das auch das innere Wesen mit einbezieht. Später wird Christus formulieren: »Das Himmelreich Gottes ist in euch«, und jedes Fasten, das diese Wahrheit außer acht läßt, wird damals und heute das Wesentliche des Fastens beiseite lassen. Auch legt schon der Gott des Alten Testaments keinen großen Wert auf die äußerlichen Demuts- und Klagegebärden, er will innerliche Veränderungen sehen, Fasten soll nicht zu Griesgrämigkeit und Kasteiung führen, sondern zur Freiheit, das Joch soll gelöst werden, das eigene sowohl wie das der Mitmenschen.

Bei Sacharja (8,18) heißt es in der Verheißung der neuen Segenszeit: »So spricht der Herr der Heerscharen: Das Fasten im 4. und 5. und 7. und im 10. Monat soll dem Hause Juda zur Freude und zur Wonne und zu fröhlichen Festen werden. So liebet nun die Wahrheit und den Frieden!« Im Buch Jesus Sirach (34,30) wird ausdrücklich auf die Wichtigkeit der Bewußtseinserweiterung während des Fastens hingewiesen und auch festgestellt, daß, wenn sie ausbleibt, das Fasten umsonst war: »Wer sich wegen der Berührung einer Leiche wäscht und sie dann wieder berührt – was hilft ihm die Waschung? So ist es mit einem Menschen, der seiner Sünden wegen fastet und dann hingeht und sich gleicherweise verfehlt. Wer wird sein Gebet erhören, und was hilft ihm seine Bußübung?«

Wenn wir das Wort »Sünde« in diesem Spruch genauer betrachten, kommen wir tatsächlich schon im Alten Testament zu einer sehr modern anmutenden Aufforderung zur Bewußtseinserweiterung durch Fasten. Wörtlich aus dem Urtext übersetzt, bedeutet »sündigen«, »sich absondern« und »den Punkt verfehlen«. Der Punkt aber ist als dimensionsloses Ideengebilde in allen Kulturen Symbol der Einheit, wie es sich am schönsten im Mitte-l-Punkt des Kreises, des Mandalas, ausdrückt. Diese Mitte der Einheit zu verfehlen, bedeutet, sich absondern, eben: sündigen. Wenn die Israeliten also wegen ihrer Sünden, ihrer Absonderung von der Einheit (Gott) fasten sollen, heißt das, daß im Fasten eine Möglichkeit liegt, zur Einheit und damit zu Gott zurückzukehren.

Hier klingt schon eine Möglichkeit an, die im Alten Testament vom Volk noch nicht verstanden wird, später aber von Christus ganz in den Vordergrund gerückt wird. So wie er das Gesetz von Grund auf erneuert, indem er es neu auslegt, hebt er auch das Fasten auf eine neue Ebene. Das alte Fasten als Sühne und Bußübung lehnt er für die Zeit seiner Anwesenheit auf Erden sogar ausdrücklich ab: »Und die Jünger des Johannes und die Pharisäer hatten Fasttag. Und die Leute kamen und sagten zu ihm: ›Warum fasten die Jünger des Johannes und die Jünger der Pharisäer, deine Jünger aber fasten nicht?‹ Da sprach Jesus zu ihnen: ›Können etwa die Hochzeitsleute fasten, während der Bräutigam bei ihnen ist? Solange sie den Bräutigam bei sich haben, können sie nicht fasten. Doch es werden Tage kommen, wo der Bräutigam von ihnen genommen sein wird, und dann werden sie fasten an jenem Tage.‹« (Markus 2,18–20)

Tatsächlich wendet sich Christus nur gegen das alte, starre Fasten als Regel und Gewohnheit, um es neu zu geben als lebendiges Ritual, eng verbunden mit dem Gebet. Er selbst hat ja eine lange Fastenzeit hinter sich, als er seine Aufgabe antritt – eine Fasten- und Gebetszeit, die ihm hilft, allen Versuchungen dieser Welt zu widerstehen.

»Dann wurde Jesus vom Geist in die Wüste geführt, um vom Teufel versucht zu werden. Und als er vierzig Tage und vierzig Nächte gefastet hatte, hungerte ihn nachher. Da trat der Versucher zu ihm und sagte: ›Bist du Gottes Sohn, so gebiete, daß diese Steine zu Brot werden!‹ Er aber antwortete und sprach: »Es steht geschrieben: ›Nicht vom Brot allein wird der Mensch leben, sondern von jedem Wort, das aus dem Munde Gottes hervorgeht.‹« (Matthäus 4,1–4)

Und gleich, nachdem er in der Bergpredigt seinen Anhängern ein neues Verständnis des Betens und anschließend das »Vaterunser« gegeben hat, wendet er sich dem Fasten zu: »Wenn ihr aber fastet, sollt ihr nicht finster dreinsehen wie die Heuchler; denn sie verstellen ihr Angesicht, um sich mit ihrem Fasten vor den Leuten sehen zu lassen. Wahrlich, ich sage euch: Sie haben ihren Lohn dahin. Du aber salbe, wenn du fastest, dein Haupt und wasche dein Angesicht, damit du mit deinem Fasten dich nicht den Leuten zeigst, sondern deinem Vater, der im Verborgenen ist; und dein Vater, der ins Verborgene sieht, wird es dir vergelten.« (Matthäus 6,16–18). Nicht nur in der Bergpredigt folgt Fasten direkt auf das Beten, von jetzt ab gibt es zwischen beidem stets eine enge Verbindung. Fasten wird zum Gottes-Dienst, zur Stärkung und Vertiefung des Gebets.

»Als sie nun dem Herrn Gottesdienst hielten und fasteten, sprach der Heilige Geist: ›Sondert mir doch den Barnabas und

Saulus zu dem Werke aus, zu dem ich sie herbeigerufen habe!‹ Da fasteten sie und beteten, legten ihnen die Hände auf und verabschiedeten sie.« (Apostelgeschichte 13,2)

Die beiden angesprochenen Apostel empfehlen dann später selbst die gewählten Gemeindeältesten durch Beten und Fasten dem Herrn.

Welche große Bedeutung Christus der Verbindung von Gebet und Fasten gibt, zeigt sich auch bei der Heilung des epileptischen Knaben (Markus 9,14–29). Als die Jünger Christus nach vollbrachter Heilung fragen, warum es ihnen vorher nicht gelungen war, den bösen Geist auszutreiben, antwortet er (Markus 9,29): »Diese Art kann durch nichts ausgetrieben werden, außer durch Gebet und Fasten.« In verschiedenen Bibelübersetzungen wird hier bezeichnenderweise das »Fasten« schon weggelassen. Mit solchen Modernisierungen wird die Kraft der biblischen Aussage ähnlich gemindert wie durch das bei modernen Ärzten übliche umgekehrte Vorgehen, wenn sie das Gebet der Betonung des Fastens opfern.

Alle Anbiederungen an moderne Sitten und alles scheinbare Erleichtern des Weges machen letztlich nichts leichter, sondern im Gegenteil das Wesentliche unmöglich. Christus sagt das in starken und kompromißlosen Worten, und nicht erst er. Schon im Buch Tobias (12,7–8) des Alten Testamentes hören wir Gottes Engel sagen:

»Tut Gutes, so wird euch nichts Böses treffen! Gut aber ist Gebet mit Fasten, Almosen geben und Rechtschaffenheit. Lieber weniges mit Recht besitzen, als vieles mit Unrecht.«

Besonders eingehend beschäftigt sich das Essener-Evangelium[1] mit dem Fasten und soll deshalb hier und auch später noch ausführlich zitiert werden. Darüber hinaus sei jedem empfohlen, während seiner eigenen Fastenzeit den 1. Band dieses Evangeliums zu lesen oder besser noch zu erleben.[2]

Die Essener baten Christus, ihnen von den Gesetzen zu sprechen, durch die sie geheilt werden könnten. Jesus antwortete: »Ihr versteht die Wörter des Lebens nicht mehr, weil ihr im Tode seid. Dunkelheit trübt eure Augen, eure Ohren sind mit Taubheit verstopft, denn ich sage euch, es nützt euch nichts, über toten Schriften zu brüten, wenn ihr mit euren Taten jenen verneint, der euch die Schriften gab. Wahrlich, ich sage euch, Gott und seine Gesetze finden sich nicht in euren Taten, sie finden sich nicht in Schlemmerei und Trunkenheit, noch in liederlichem Leben oder Lüsternheit, noch in der Suche nach Reichtümern, noch im Haß auf eure Feinde. Denn alle diese Dinge sind vom wahren Gott und seinen Engeln weit entfernt. Diese Dinge kommen alle aus dem Reich der Dunkelheit und vom Herrn allen Übels. Und all diese Dinge tragt ihr in euch selbst, und so dringen das Wort und die Macht Gottes nicht in euch ein, weil alle möglichen Übel und Abscheulichkeiten ihre Wohnung in eurem Körper und eurem Geist haben. Wenn ihr wollt, daß das lebendige Wort Gottes und Seine Macht in euch

---

1 Das Friedensevangelium der Essener, Buch 1. Es handelt sich hier um eine Übersetzung jener Schriftrollen, die zweifelsfrei aus biblischer Zeit stammend, erst um die Mitte unseres Jahrhunderts »durch Zufall« in einer Höhle bei Qumran entdeckt wurden.

2 siehe Literaturverzeichnis

eindringen kann, dann beschmutzt nicht euren Körper und euren Geist; denn der Körper ist der Tempel des Geistes, und der Geist ist der Tempel Gottes. Darum reinigt den Tempel, damit der Herr des Tempels darin wohnen kann und einen Platz einnehmen kann, der Seiner wert ist. Und von allen Versuchungen eures Körpers und Geistes, die von Satan kommen, zieht euch zurück unter den Schatten von Gottes Himmel. Erneuert euch und fastet. Denn ich sage euch wirklich, daß der Satan und seine Plagen nur durch Fasten und Beten ausgetrieben werden können. Bleibt allein und fastet und zeigt euer Fasten keinem Menschen. Der lebendige Gott wird es sehen, und groß wird die Belohnung sein. Und fastet, bis Beelzebub und alle seine Übel euch verlassen und all die Engel eurer Erdenmutter kommen und euch dienen. Wahrlich, ich sage euch, wenn ihr nicht fastet, werdet ihr euch nie aus der Macht des Satans befreien können und von allen Krankheiten, die Satan verursacht. Fastet und betet inbrünstig und sucht die Macht des lebendigen Gottes für eure Heilung. Meidet die Menschenseele während des Fastens und sucht die Erdenmutter, denn der Suchende wird finden.«

Diesen Anweisungen sind zu Christi Zeiten offensichtlich viele Menschen gefolgt, und daraus erklärt sich wohl auch die heute fast unvorstellbare Kraft, welche die frühen Christen erfüllte und sie in den schweren Zeiten der Verfolgung aufrecht wandeln ließ.

Auch wir könnten heute aus diesen Worten Kraft und Orientierung ziehen, genausogut, wie wir sie beiseite schieben können wegen ihrer alten poetischen und ungewohnten Sprache.

Machen wir uns aber die Mühe, diese Worte in die Gegenwart zu übertragen und auf unsere heutige Situation anzuwenden, so können sie uns immer noch leiten und verlieren nichts von ihrer Bedeutung. Für dieses erste Zitat aus dem Essener Evangelium hieße das, Christus warnt die Essener vor einem Leben, das sich auf Dauer in der polaren Welt einrichtet und nicht auf die Erlösung, die Einheit (Gott) zielt. »Dunkelheit«, »tote Schriften« und »Tod« sind Begriffe für das Unbewußte, wie auch später das Wort »Satan« für die Unbewußtheit schlechthin steht. Christus betont die Wichtigkeit des »lebendigen Wortes«, der »Wörter des Lebens«, die in den Taten der Menschen zu Leben erwachen sollen, und betont damit den Moment, das Hier und Jetzt. Die toten Schriften sind nie im Augenblick, und die Taten (Schlemmerei, Trunkenheit usw.) geschehen unbewußt; das Bewußtsein von der Einheit alles Geschaffenen (Gottes) ist ja nicht in ihnen. Alle diese Dinge seien von der Einheit (»vom wahren Gott«) weit entfernt und kämen aus der unbewußt erlebten Polarität (»Dunkelheit«, »Herrn allen Übels«, »Satan«). Weil die Essener aber von den unbewußten Kräften der Polarität beherrscht seien, könne die Einheit (»das Wort und die Macht Gottes«) nicht in sie einziehen. Wenn sie heil werden wollten, (»daß das lebendige Wort Gottes und seine Macht in sie eindringe«), dann müßten sie Körper und Geist vorbereiten durch Abwendung von der Unbewußtheit (»beschmutzt nicht länger Körper und Geist«) und Hinwendung zur Einheit (»Reinigung des Tempels«). Von all den Versuchungen der Polarität (»eures Körpers und Geistes«) zieht euch zurück in die Nähe der Einheit (»den Schatten von Gottes Himmel«).

Und fastet, bis die Polarität und das unbewußte Leben in ihr die Macht über euch verliert (»bis Beelzebub und all seine Übel euch verlassen«) und die Kräfte der großen Göttin euch dienen (»die Engel eurer Erdenmutter kommen«). Sucht die Macht des Augenblicks, der Einheit (des lebendigen Gottes) für eure Heilung. Meidet das unbewußte Leben in der Polarität (»die Menschenseele«) während des Fastens und sucht die große Göttin (Erdenmutter).

Wenn wir uns so bemühen, den Gehalt der Texte, die Ideen dahinter zu erspüren, werden wir auf viele vordergründig erstaunliche Erkenntnisse stoßen. Die Texte klingen dann plötzlich zeitgemäß, und das liegt daran, daß sie in Wirklichkeit zeitlos sind. Selbst das Verständnis der Polarität finden wir dann in ihnen, obwohl auf den ersten Blick alles eher moralisch und wertend klingen mag. Tatsächlich haben wir aber in der Erdenmutter wohl jenen – ansonsten im Christentum nachhaltig verdrängten – weiblichen Pol vor uns, jene Mondgöttin, die in dieser Welt die Polarität bewußt verkörpert und der unmanifestierten Einheit (dem Sonnen-Geist) gegenübersteht. Auch diese große Muttergöttin ist ein Symbol der Polarität, aber sie ist der Aspekt des bewußten Lebens in der polaren Welt, während Satan für den dunklen, unbewußten Polaritätsaspekt steht.

Christus rät folglich den Essenern, nach der Einheit (Gott – Vater) zu streben, indem sie sich bewußt der Polarität (der Muttergöttin) ergeben, bzw. bewußt (»rein«) zu werden, um sich der Kräfte der polaren Welt (»Engel der Erdenmutter«) bewußt zu bedienen. Vielleicht könnte man sogar sagen, Christus will anleiten, durch Beten und Fasten so bewußt (rein) zu werden, daß die Einheit (Gott) in der Polarität (Erdenmutter und Satan) erkannt werden kann, daß bewußt und licht wird, was vorher unbewußt und dunkel war. »Wahrlich, ich sage euch, wenn ihr nicht fastet, werdet ihr euch nie aus der Macht Satans (des Unbewußten) befreien können und von allen Krankheiten, die Satan (die Unbewußtheit) verursacht.«

In der Bibel finden wir viele Hinweise auf Menschen, die diesen Weg gegangen sind, und nicht selten wird ihr Fasten mit erwähnt. So heißt es bei Lukas (2,37) über die Prophetin Hanna, sie sei nicht vom Tempel gewichen und habe Gott bei Tag und Nacht mit Fasten und Beten gedient. Aber auch schon im Alten Testament wird über jene Judith, die die Israeliten vor den feindlichen Heeren rettet, gesagt:

»Zudem fastete sie alltäglich, seit sie Witwe war, außer an den Sabbaten und am Tage vorher, an den Neumonden und am Tage vorher und an den Festen und Freudentagen des Volkes Israel. Sie war von schöner Gestalt und sehr blühendem Aussehen; auch hatte ihr Mann ihr Gold und Silber (. . .) hinterlassen, das sie in ihrem Besitze behielt. Niemand aber vermochte, ihr Böses nachzusagen, denn sie war sehr gottesfürchtig.« (Buch Judith 8,6)

Mit diesem Bericht wollen wir unseren Ausflug in die biblische Welt beenden, nicht zufällig mit dem Bild einer Fastenden, die schön ist und blühend aussieht, die reich ist und Gott (der Einheit) dient.

Nachdem wir uns überzeugen konnten, daß schon andere vor uns gewagt haben zu fasten – und mit guten Erfahrungen –, wir also wohl nicht die schlimmsten und schon gar nicht die ersten sind, wie vielleicht einige »moderne« Zeitgenossen uns weiszumachen versuchen, wollen wir uns praktischen Fragen zuwenden.

Wer sollte fasten?

Nehmen wir die Aussagen der Religionsgründer und Kirchenväter ernst, so muß die Antwort eindeutig heißen: Jeder! Um so kränker er ist, desto eher. Tatsächlich kann unter religiösen Gesichtspunkten jeder fasten. Nur sollten wir dabei niemals vergessen, daß es dabei immer um Fasten auf dem Boden eines tief verwurzelten Glaubens geht. Wo uns dieser Glaube, der Berge versetzen kann, wie die Bibel weiß, fehlt, sollten wir etwas vorsichtig sein.

Aus einem esoterischen Blickwinkel betrachtet, kann natürlich erst recht jeder den Weg des Fastens gehen, denn er kann uns nur das bescheren, was schon längst in uns verborgen ruht. Das aber gilt es, auf dem esoterischen Weg ja gerade kennen und ertragen zu lernen. Wenn wir von der Lehre »Wie oben – so unten; wie außen, so innen« ausgehen, begegnen wir uns sogar in allen äußeren Erscheinungsformen letztlich immer selbst. Wie sollten da die Erlebnisse, die beim Fasten aus Leib und Seele aufsteigen, etwas Fremdes, zu Vermeidendes sein?

Wohl war es diese Wirkung des Fastens, uns die eigene Tiefe mit ihren hellen und dunklen Seiten (in körperlicher und seelischer Hinsicht) zu Bewußtsein zu bringen, die es den Religionsstiftern aller Zeiten wertvoll machte. So können wir ruhig feststellen, daß Fasten viel zu schade ist, um lediglich als

Therapie für Symptome zu dienen. Es ist ebenso und auch heute eine religiöse und esoterische Übung auf dem Weg zu größerer Bewußtheit. Trotzdem gilt es unserer, dem funktionalen Zweckdenken verhafteten Zeit zuerst als Therapieform der sogenannten »Außenseiter«. In der naturheilkundlichen Medizin haben sich im Laufe der Zeiten Indikationen und auch einige Gegenindikationen herauskristallisiert. Wobei man allerdings feststellen muß, daß es auch hier nichts gibt, was nicht schon empfohlen und auch nichts, was nicht schon verteufelt wurde, wie sich an der Geschichte des Fastens in den letzten 2000 Jahren zeigen läßt. Wie überhaupt, ist es auch in diesem Fall so, daß wir immer nur relative Wahrheiten finden, die für einen bestimmten Bereich gültig sind. Das Bewußtsein dieser Tatsache ist vielleicht der beste Schutz vor entwicklungsfeindlichem Dogmatismus.

Einige der wichtigen Indikationen möchte ich nun hier etwas näher ausführen. Im Vordergrund stehen natürlich erst einmal jene Patienten, die ihre »gewichtigen« Argumente fürs Fasten selbst mit sich herumschleppen. Nach Zimmermann sollte jeder fasten, der über seinem individuellen Normalgewicht liegt – damit kommt er in seinen Forderungen den großen Religionsstiftern schon wieder recht nahe, denn das wäre sicherlich fast die halbe Bevölkerung in unserem Land. Daß Übergewichtige von dieser Kur profitieren, ist ja weiter nicht erstaunlich, um so mehr verwundert es, daß Buchinger, der über 30 000 Fastenkuren leitete, kurzfristiges Fasten (bis zu 6 Tagen) auch bei untergewichtigen Patienten mit Erfolg durchführte. Die Patienten wogen nach einem längeren Zeitraum regelmäßig mehr als vor der Kur. Einen wichtigen Platz nehmen verständlicherweise all jene Krankheiten ein, die auf eine Verschlackung und Blockierung des Bindegewebes zurückzuführen sind, wie etwa der ganze rheumatische Formenkreis – die Rheumaknötchen verdeutlichen diese Ablagerungen im Bindegewebe sogar auf makroskopischer Ebene sehr eindrucksvoll. Hierzu sei noch einmal ein Absatz aus dem Essener-Evangelium zitiert, aus dem hervorgeht, daß bereits in jenen Zeiten solche Krankheiten, die wir wohl heute als Gicht und Poly-Arthritis bezeichnen würden, auftraten und daß sie mit Fasten und einer eigentlich homöopathisch begründeten und durchgeführten Zusatztherapie erfolgreich behandelt wurden: »Und es gab viele Kranke unter ihnen, von qualvollen Schmerzen gefoltert, die konnten kaum bis zu Jesu Füßen kriechen, denn sie konnten nicht mehr auf ihren Füßen gehen. Sie sagten: ›Meister, wir werden grausam von Schmerzen geplagt, sag uns, was wir tun sollen.‹ Und sie zeigten Jesus ihre Füße, in denen die Knochen verdreht und verknotet waren und sagten: ›Weder die Engel der Luft noch des Wassers, noch des Sonnenscheins konnten unsere Schmerzen lindern, obwohl wir uns tauften, fasteten, beteten und deinen Worten in allen Dingen folgten.‹ ›Wahrlich, ich sage euch, eure Knochen werden geheilt werden! Seid nicht entmutigt, sondern sucht zur Heilung den Heiler der Knochen, den Engel der Erde. Denn von dort stammen eure Knochen und dahin werden sie zurückkehren.‹ Und Er zeigte mit Seiner Hand dorthin, wo das fließende Wasser und die Sonnenhitze die Erde am Rande des Wassers zu lehmigem Schlamm erweicht hatten. ›Senkt eure Füße in den Schlamm, damit die Umarmung des Engels der Erde aus euren Knochen alle Unreinheit und Krankheit herauszieht. Und ihr werdet den Satan und eure Schmerzen aus der Umarmung des Engels der Erde fliehen sehen. Und die Knoten eurer Knochen werden verschwinden und sie werden sich wieder strecken und all eure Schmerzen werden vergehen.‹«

Auch Stoffwechselkrankheiten wie eben Gicht und Diabetes lassen sich oft mit gutem Erfolg befasten, bei allerdings strenger Überwachung. Bei den häufigsten Alltagssymptomen, den grippalen Infekten und Magenverstimmungen ist Fasten die schnellste und wirksamste Therapie. Hier ist es darüber hinaus sehr einfach, da es dem natürlichen Bedürfnis des Körpers ohnehin entspricht, nun nichts zu essen, sondern nur noch zu trinken, und sich in Ruhe und warme Geborgenheit zurückzuziehen. Sehr umstritten ist Fasten heute dagegen bei Krebs und Praecancerosen, d. h. im Vorstadium des Krebses. Während einige Ärzte, wie z. B. der Holländer Toussaint[1], es durchaus für sinnvoll halten, lehnt die Schulmedizin und auch das Gros der Fastenärzte es entschieden ab. Buchinger, der auch von der Theorie der Krebsentstehung auf dem Boden eines überlasteten und vergifteten Grundsystems (Bindegewebes) ausgeht, führt es bei Praecancerosen durch und glaubt hier auch viele Besserungen erreicht und Krebsentstehung verhindert zu haben. Bei manifesten Tumoren lehnt er es aber auch ab, da durch den schnellen Zerfall des Tumorgewebes beim Fasten und der damit verbundenen Toxinausschwemmung der Körper zu sehr

---

1 Toussaint, *Krankheit, Hoffnung, Heilung.*

vergiftet würde. Sicherlich liegt die Chance hier in der rechtzeitigen Entgiftung und Förderung der Ausscheidung. Das beginnt schon bei der energischen Therapie der chronischen Verstopfung, die auch durch Fasten sehr gut zu behandeln ist. Überhaupt lassen sich verständlicherweise Darmstörungen mit großem Vorteil durch Fasten behandeln – zu einer gründlichen Entgiftung kommt hier dann noch die weitgehende Entlastung des erkrankten Organes hinzu. Auch die Erkrankungen der mit der Verdauung eng verknüpften Organe Leber (vor allem ernährungs- oder alkoholbedingter Fettleber) und Bauspeicheldrüse sprechen meist gut auf Fastenkuren an. Große Vorsicht ist allerdings bei Magen- und Zwölffingerdarmgeschwüren geboten.

Auch Erkrankungen der Niere lassen sich meist gut mit Fasten angehen und sollten auch frühzeitig behandelt werden, da ja Minderleistungen der Ausscheidungsorgane nicht nur das Organ selbst gefährden, sondern den ganzen Organismus mit Abfall belasten. Man achte also ähnlich wie auf guten Stuhlgang auf gute Durchspülung der Nieren.

Die Krankheiten des nächsten wichtigen Ausscheidungsorganes, der Haut, sprechen ähnlich gut an, doch sind hier oft längere und wiederholte Kuren nötig. Manchmal gelingt es auch nur, Krankheiten wie die Schuppenflechte oder Ekzeme bis auf geringe Reste auszukurieren. Möglicherweise benötigt der Organismus die letzten Öffnungen sozusagen als Notausgang für anfallende Gifte.

Herzkrankheiten, wie etwa die Angina pectoris, lassen sich wohl allein schon durch die bereits zu Beginn der Kuren einsetzende Kreislaufentlastung bessern. Ähnliches gilt für hohen Blutdruck, der meist im Verlauf der Kur verschwindet, vor allem in dem Maße, wie der Druck der ganzen Situation nachläßt.

Das Heer der sogar schon von der Schulmedizin als psychosomatisch eingestuften Krankheiten wie Asthma, Migräne und die vielen funktionellen Beschwerden lassen sich vielfach erheblich bessern oder sogar ganz auskurieren. Der Erfolg hängt hier besonders deutlich, wie im Prinzip auch bei allen anderen Erkrankungen, davon ab, inwieweit die durch das Fasten erreichte Umstimmung nicht nur auf den Körper beschränkt bleibt, sondern auch zu einer seelischen Umorientierung führt.

Bei den Geisteskrankheiten der Schulmedizin – aus esoterischer Sicht verbirgt sich ja hinter jeder körperlichen Erkrankung eine seelische – gehen die Meinungen wieder weit auseinander. Während Zimmermann hier keine Erfolge sah, berichtet Buchinger doch von einzelnen Heilungen, was vielleicht daran liegt, daß er den psychischen Umschwung auch stärker zum Ziel macht. Im Essener Evangelium (Seite 30–32) wird beschrieben, wie Jesus einen Kranken durch Fasten und Beten von einer Art Besessenheit heilt.

Bei allen bereits manifesten Symptomen ist zu bedenken, daß das Fasten schwieriger verlaufen kann als bei Gesunden und oft auch mit Schmerzen und Erstverschlimmerungen verbunden sein wird, weshalb in solchen Fällen immer eine Unterstützung, wenigstens von einem Arzt, nötig ist. Letztlich ist wohl eine Unterstützung nötig, wie sie einst die Essener hatten und wie wir sie wohl auch heute haben könnten – wenn wir wirklich wollen. Aus dem Essener-Evangelium: »Und es gab noch andere Kranke, die viel an ihren Schmerzen litten, die aber trotzdem weiter fasteten. Und ihre Kraft war verbraucht, und große Hitze kam über sie. Und als sie aus ihrem Bett aufgestanden waren, um zu Jesus zu gehen, begannen ihre Köpfe sich zu drehen, als ob ein stürmischer Wind sie schüttelte. Und sooft sie versuchten, auf ihren Füßen zu stehen, fielen sie wieder zu Boden. Da ging Jesus zu ihnen und sagte: ›Ihr leidet, denn Satan und seine Krankheiten martern euren Körper. Aber fürchtet euch nicht, denn ihre Macht über euch wird schnell enden.‹« ... »Wahrlich, ich sage euch, genauso betrat der Satan eure Körper, welche die Wohnungen Gottes sind. Und er nahm alles in Besitz, was er stehlen wollte: euren Atem, euer Blut, eure Knochen, euer Fleisch, eure Eingeweide, eure Augen und eure Ohren. Aber mit eurem Fasten und Beten habt ihr den Herrn eures Körpers und seine Engel zurückgerufen. Nun sieht Satan, daß der wahre Herr eures Körpers zurückkehrt und daß dies das Ende seiner Macht ist. Deshalb sammelt er in seinem Zorn seine Stärke noch einmal, damit er den Körper zerstört, bevor der Herr kommt. Darum martert euch Satan so qualvoll, denn er fühlt, daß das Ende gekommen ist. Aber laßt eure Herzen nicht zittern, denn bald werden die Engel Gottes erscheinen, um wieder ihre Wohnstätten zu belagern und sie wieder als Tempel Gottes zu weihen. Und sie werden Satan packen und ihn aus eurem Körper hinauswerfen mit all seinen Krankheiten und all seinen Unreinheiten. Und glücklich werdet ihr sein, denn ihr werdet die Belohnung für eure Standhaftigkeit erhalten, und ihr werdet keine Krankheiten mehr sehen.«

Der Erfolg jeder Kur hängt ganz vom einzelnen ab, seinem Glauben, seinem Vertrauen und seiner Mitarbeit, und so kommt es, daß man generelle Indikationen für das Heilfasten ebensowenig geben kann wie generelle Gegenanzeigen. Nach der heutigen naturheilkundlichen Sicht gibt es aber doch einige Krankheiten, bei denen Fastenkuren, wie ich meine ganz zu Recht, nicht durchgeführt werden, wie etwa alle zehrenden Krankheiten (TBC, Basedow, Carcinome). Möglicherweise mangelt es uns aber hier nur an Vertrauen. Sicherlich liegt in dem Wissen, das aus dem Essener-Evangelium spricht, eine tiefere Wahrheit als in unserem heutigen medizinischen Wissen und unseren Prinzipien. Jeder soll aber trotzdem nur so weit gehen, wie er in jedem Moment verantworten kann, und ein Vertrauen, wie es für solche Heilungen nötig ist, kann die Medizin, und schon gar die heutige, sicherlich nicht vermitteln. Hier beginnt der Bereich des religiösen Glaubens, ist die »religio«, die Rückverbindung des Menschen zu seinem innersten Wesen, von ausschlaggebender Bedeutung. Eine eindeutige und einleuchtende Gegenindikation, die allerdings gar nichts mit Krankheit zu tun hat, ist die Schwangerschaft. Hier geht es ja um den Aufbau eines neuen Körpers aus möglichst hochwertigen Stoffen und Energien. Beim Fasten gelangen aber gerade Schlacken und Abfallstoffe ins mütterliche Blut, der einzigen physischen Lebensgrundlage des Embryos. Außerdem käme der Körper der Mutter in eine zwiespältige und unlösbare Situation, einerseits soll er aufbauen und andererseits abbauen. Diesen Zwiespalt sollte jede Mutter ihrem Körper und vor allem ihrem Kind ersparen. Dasselbe gilt sinngemäß für die

Zeit des Stillens. Dagegen ist Fasten für Körper und Seele eine ausgezeichnete Schwangerschaftsvorbereitung und hat sich auch danach bewährt, um dem Körper die Umstellung und den Abbau der Schwangerschaftsveränderungen zu erleichtern.

Auf alle Fälle hat das Fasten im Verständnis der naturheilkundlichen Medizin heute wieder eine große Indikationsbreite. Jeder Gesunde kann es auf eigene Faust zur Reinigung, Vorbeugung und vertieften Selbsterfahrung durchführen, sofern er sich vorher ausreichend informiert. Falls Ängste oder Zweifel bestehen, empfiehlt es sich, einen möglichst mit Fasten und naturheilkundlicher Medizin vertrauten Arzt um Rat zu fragen. Wer an einer schwereren Krankheit leidet, sollte auf alle Fälle ärztlichen Rat in Anspruch nehmen und in enger Zusammenarbeit mit seinem Arzt fasten oder aber sich in ein Fastensanatorium begeben. Bei leichteren Erkrankungen, wie grippalen Infekten, kann man auch gleich auf den eigenen, inneren Arzt hören und so herausfinden, daß bei Fieber zwar viel Durst besteht, aber keinerlei Hunger – dem nachgeben heißt fasten. Und man wird seine »Grippe« schneller und gründlicher auskurieren als mit jeder chemischen Medizin. Ein kranker Organismus verlangt aus sich heraus Geborgenheit und Ruhe. Das Fasten erhöht die Ruhe beträchtlich, da es ca. 30 % des Gesamtenergieumsatzes – jenen Teil nämlich, der für die Verdauungsarbeit nötig ist – einspart. Es zeigt sich, daß Fieber und Fasten beides hervorragende natürliche Maßnahmen sind, dem Körper zur Gesundheit zurückzuhelfen. Beide erhöhen die Abwehrkraft gegen eingedrungene Bakterien und Viren und steigern die Ausscheidung von Schlacken und Giftstoffen.

Obwohl die Hilfe eines Arztes in vielen Fällen nicht nötig ist – ja man ist während des Fastens an sich gesünder und sogar geschützter als sonst –, kann es beruhigend sein, einen, am besten den eigenen Arzt, im Hintergrund zu wissen – zumindest beim ersten Mal. Allerdings kann es leider sehr gut sein, daß Sie nach der Lektüre dieses Buches bereits wesentlich mehr über Fasten wissen als Ihr Arzt. Selbst dann kann es sinnvoll sein, ihn einzuweihen – sinnvoll und heilsam für Sie selbst und für alle seine anderen Patienten. Eine Erleichterung ist auch das Fasten in Gruppen, mit der Familie, mit Freunden. Das regelmäßige Treffen und Austauschen von Erfahrungen unter Gleichgesinnten kann viel zum Erfolg beitragen und über kleinere Fastenkrisen hinweghelfen. Darüber hinaus führt es zu einem vertieften Verständnis innerhalb der Gruppe, einem neuen Gefühl der Solidarität und Verbundenheit, das sich innerhalb der Familie oder Partnerschaft nur günstig auswirken kann. Falls in einer Partnerschaft nur einer fastet, kommt auch dem anderen Partner eine wichtige Rolle zu. Am besten sollte auch er sich über das Fasten informieren, um gewisse Veränderungen im körperlichen und seelischen Befinden seines Partners besser verstehen und akzeptieren zu können.

Fasten und Angst

Nicht wenige Menschen haben Angst vor dem Fasten, das sie dann oft mit Hungern verwechseln. Fasten und Hungern sind zwei ganz verschiedene Dinge. Das kann jeder erfahren, der es probiert. Während Hungern ja bekanntlich sehr unangenehm ist, macht Fasten meist sogar viel Spaß. Man muß es nur einmal versuchen und zwar gleich von Anfang an richtig. Zwischen beidem besteht eine entscheidende Bewußtseinsstufe, während nämlich Hungern ein erzwungener Nahrungsentzug ist, stellt Fasten eine freiwillige und bewußte Maßnahme dar. Selbst wenn es hierbei zu kurzzeitigen Mißempfindungen kommt, so nur deshalb, weil gerade »Abfall verbrannt« wird, was ja bekanntlich manchmal stinkt. Im übrigen kann man (der Körper) Fasten sehr schnell lernen. Die Umschaltung von der Normalsituation (Bedarfsdeckung durch äußere Zufuhr) zur Fastensituation (Bedarfsdeckung aus den eigenen Depots) geht von Mal zu Mal schneller. Nach dieser Umschaltung ist es dem Körper völlig egal, ob er von Schweinefett lebt oder von eigenem – wobei das eigene bei der bedauerlichen Situation, in die die »modernen Schweine« geraten sind, sicherlich noch gesünder ist. Grundsätzlich stehen dem Organismus immer diese zwei Möglichkeiten der Energiegewinnung zur Verfügung. Auch wenn die zweite Möglichkeit – Bedarfsdeckung aus eingelagerten Reserven – heute weniger gebräuchlich ist, kann sie doch schnell wieder gelernt werden. Mit zunehmender Fastenerfahrung wird es sogar möglich, einen Mittelweg einzuschlagen, etwa einzelne Fastentage einzuschieben oder einzelne Mahlzeiten auszulassen – einfach weil der Körper trainiert ist, sehr schnell zwischen den beiden Energiegewinnungsprogrammen umzuschalten. Aus diesem Grunde sollte auch klar sein, warum es nicht günstig ist – etwa aus Angst – gleich mit dem Mittelweg zu beginnen. Bei kürzeren Fastenperioden kann es anfangs sein, daß der Körper noch kaum umgeschaltet hatte und so noch gar nicht in den Genuß einer längeren positiven Fastenerfahrung kam. Am Anfang empfehlen sich also wenigstens 5 Fastentage. Jetzt ist auch leicht zu begreifen, warum die in vielen normalen Kliniken durchgeführten sogenannten »Nulldiäten« oder gar Reduktionsdiäten mit 800 Kalorien so miserable Ergebnisse bringen. Beim Fasten ist das Bewußtsein ein entscheidender Faktor, und bei erzwungenen Nulldiäten arbeitet es eben meistens nicht mit, sondern dagegen. Eine 800-Kaloriendiät läßt den Körper nie auf Fasten umschalten. Er hungert permanent und diese Patienten rächen sich für solche Marterungen meist mit einer anschließenden Rekordgewichtzunahme.

Um mit der Angst vor dem Fasten umgehen zu können, ist es ganz nützlich, sich an das natürliche Fastenbedürfnis bei fiebrigen Erkrankungen zu erinnern oder sich an Beispielen klarzumachen, daß Leistungsfähigkeit mit Nahrungsaufnahme direkt nichts zu tun hat – welcher Sportler etwa würde vor dem Wettkampf viel essen? Es gibt zahlreiche Beispiele von

Höchstleistungen – allerdings keine kurzfristigen wie Sprints, sondern Dauerleistungen – während längerer Fastenzeiten. Bircher-Benner zeigte am Beispiel eines ganzen Volkes, welche Vorteile für Gesundheit und auch Moral längere jährliche Fastenperioden haben. Die Hunzas, ein kleines Bergvolk des Himalaya, waren bis vor einiger Zeit gezwungen, jedes Frühjahr zu fasten – einfach, weil sie der harten Umwelt nicht mehr Nahrung abringen konnten. Mit ausreichender Ernährung für das ganze Jahr bekamen sie auch Krankheiten und Kriminalität serviert. Eine weitere Hilfe kann es bedeuten, mit Menschen zu sprechen, die bereits Fastenerfahrungen gemacht haben, und Bücher über das Fasten (wie die von Buchinger, Zimmermann, Lützner) zu lesen. Manchem mag auch das Gefühl Kraft geben, Glied in einer langen Kette und alten Tradition von Fastenden zu werden. Ja, genaugenommen nehmen wir mit unserer Fastenkur lediglich eine alte christliche Tradition wieder auf, kehren zurück an die Wurzeln unserer Religion und eigentlich aller Religionen, zum Urgrund unseres Seins.

All diese schönen Worte vermögen allerdings höchstens unseren Intellekt zu besänftigen. Letztlich hilft nur der Sprung hinein ins Abenteuer. Man wird auch einen Apfel nicht endgültig kennenlernen, wenn man viel über ihn hört und liest, man muß schon hineinbeißen.

Und dieses Abenteuer kann uns viele und durchaus neue Erfahrungen vermitteln – gerade weil sie in uns liegen und die meisten Menschen Abenteuer – wenn überhaupt – nur außen suchen.

Darüber hinaus riskieren wir bei diesem Abenteuer keine

Gefahren für Leib und Seele – im Gegenteil. Die einzigen wirklichen Gefahrenpunkte liegen im Zu-wenig-Trinken und in einem falschen Aufbau bzw. einem Kurabbruch mit einem großen, schlimmstenfalls sehr eiweißreichen Essen. Selbst solch ein abruptes »Überfressen« nach zwei Wochen Fasten wird man aber überleben, allerdings kann es einem da schon sehr »übel« ergehen.

Dieses Buch ist ein Reiseführer für eine Reise nach innen. Reiseführer mögen wichtig sein, aber das Reisen können sie niemals ersetzen.

Und so liegt die Gefahr dieses Buches darin, es zur »Fort«-bildung von der eigenen Praxis zu mißbrauchen, einer Gefahr, der vor allem Therapeuten gern erliegen. Das Verhältnis dieser Schrift zu einer eigenen Fastenerfahrung entspricht ungefähr dem eines (Reise)-Bücherwurms zu einem Weltenbummler.

Wo kann man fasten?

Einige Ärzte bestehen darauf, daß nur Kliniken in Frage kommen – ich halte das für übertrieben. Die allermeisten Menschen können gut außerhalb von Krankenhäusern und Sanatorien fasten, viele sogar ganz ohne Arzt. Ursprünglich war auch ich in diesem letzten Punkt vorsichtiger, die guten Erfahrungen vieler allein Fastender aber haben mir in den letzten Jahren gezeigt, daß die Bedeutung des Arztes bei dieser natürlichen Kur weitgehend überschätzt wird. »Patienten« und Ärzte müssen sich gleichermaßen in dieser Situation umstellen. Als Fastender kann man sich ruhig eingestehen, daß man sich auf einen Weg begeben hat, auf dem der Arzt stetig unwichtiger wird. Schritt für Schritt übernimmt man die Verantwortung für das eigene Wohlergehen selbst, jene Verantwortung, die man sowieso schon immer hat, und dem Arzt bleibt nur der Beistand in wirklichen Ausnahmesituationen. Während der Fastenzeit wird er im allgemeinen von Tag zu Tag überflüssiger, in dem Maße, wie der Fastende nämlich Stufe für Stufe gesundet. »Ihr Arzt« wird Ihre zunehmende Mündigkeit und Aufgeschlossenheit begrüßen, macht sie ihn doch freier für seine wirklichen Aufgaben. Ist das wider Erwarten nicht der Fall, haben Sie »Ihren Arzt« vielleicht noch gar nicht gefunden. Und während Sie ihn noch draußen suchen, mag es sein, daß Sie ihn innen finden – Fasten ist der ideale Weg dazu.

Wirklich kranke Patienten, etwa Diabetiker, sollten tatsächlich in einem richtigen Naturheilweisen-Krankenhaus (z. B. München-Harlaching oder der Kurparkklinik in Überlingen)[1] fasten, da sie hier in idealer Weise parallel zur Fastenkur mit naturheilkundlichen Methoden betreut werden können, die den Fastenprozeß nicht stören, sondern im Gegenteil sogar fördern. Für relativ gesunde Patienten dagegen (niemand ist ja ganz gesund) heben sich Vor- und Nachteile von Sanatorien ziemlich auf. Der wesentliche Vorteil solcher Institutionen liegt darin, daß sie dem Fastenden einen völligen Rückzug aus seiner Alltagswelt und damit im Idealfall Ruhe verschaffen.

Allerdings kann gerade die Versammlung vieler übergewichtiger Patienten, die alle nur eine Sorge haben, wie sie ihre Pfunde loswerden, die schönsten Möglichkeiten der Kur zerstören. Jammern steckt ja bekanntlich an, und gemeinsam nichts zu tun zu haben, außer über den Hunger und das Übergewicht nachzusinnen, kann besonders für diejenigen, die mehr mit dem Fasten verbinden, sehr enttäuschend und nervenraubend werden. Darüber hinaus verstärken solche Situationen das anfängliche Hungergefühl noch über die Maßen, weil sie eben gerade die Bewußtseinsumstellung nicht fördern. Unter Umständen ist deshalb sogar jemand, dem es nur ums Abspecken geht, besser beraten, zu Hause oder sogar während

1 Krankenhaus für Naturheilweisen, München-Harlaching
Kurparkklinik Überlingen, Überlingen (Leitender Arzt: Dr. Lützner)

seiner Alltagsroutine zu fasten – da ist er dann wenigstens abgelenkt.

Es gibt natürlich auch die umgekehrte Möglichkeit, daß sich eine Gruppe von Menschen zusammen zurückzieht, und gerade die Bewußtwerdung in den Mittelpunkt stellt. Solche Situationen sind ideal, sowohl zum Beginn als auch für wiederholte Fastenkuren. Dabei kann der Schwerpunkt mehr auf Struktur und Stille, etwa in Anlehnung an die Zen-Tradition, liegen oder aber auf gruppendynamischen Momenten und der gemeinsamen Freude und Erleichterung durch das Fasten.

Auch alleiniges Fasten in der freien Natur kann wundervolle Erfahrungen ermöglichen. Außer Abgeschiedenheit und Stille braucht man eigentlich nur eine Quelle sauberen Wassers, eine Hütte, ein Zelt vielleicht, und die wenigen Fastenutensilien wie Einlaufgerät und Honigtopf. Das ist allerdings eher ein Blick in die Fastenzukunft und sicher keine Möglichkeit für den Einstieg, setzt sie doch eine gewisse seelische und körperliche Sicherheit voraus und eben ein gutes Maß Fastenroutine.

Prinzipiell geht es zu Hause genauso, nur sollten dann bestimmte Voraussetzungen erfüllt sein. Man braucht die Möglichkeit, sich zurückzuziehen und allein und ungestört sein zu können, um einem Bedürfnis des Körpers nach Ruhe gleich nachkommen zu können. Man sollte sich lösen können von Pflichten, lästigen Verabredungen und unangenehmen Arbeiten. Angenehme Arbeiten dagegen, wie etwa Gartenarbeit, können durchaus förderlich sein, da Bewegung immer gut tut. Man kann ja sogar während der normalen Arbeit fasten, da die Leistungsfähigkeit erhalten bleibt, wie uns viele Kuren gezeigt haben – nur vergibt man hierbei sicherlich die wichtigsten Chancen des Fastens auf seelischer Ebene und nähert sich einer symptomatischen Therapie. Auch dürften die Ergebnisse und Erfahrungen bei weiterlaufender Arbeit weniger intensiv sein – es sei also nicht empfohlen, aber für die Ängstlichen doch gesagt, daß es gut möglich ist. Schwierig ist es natürlich, in einer Umgebung zu fasten, wo alle essen und wenig oder kein Verständnis aufbringen. Oft ist es sogar so, daß Fastende bei denjenigen Zeitgenossen, die es auch nötig hätten, aber nicht den Mut oder die Kraft aufbringen, regelrechte Aggressionen auslösen. Diese seltsamen »Freunde« setzen dann alles daran, Sie von Ihrem Entschluß wieder abzubringen, versuchen mit allen Mitteln, Ihnen eigene Angst einzuflößen. Wie alles Umdenken, Heraustreten aus dem Massenverhalten, erfordert auch das Fasten ein wenig Rückgrat, innere Überzeugung und manchmal auch Erfindungsgeist.

Das Wichtigste, den Einstieg zum Umdenken, haben Sie nun schon hinter sich, wenn Sie bis hierher vorgedrungen sind.

Für Hausfrauen, die für die Familie weiter kochen müssen, ist es natürlich sehr schwer, allein zu fasten. Hier hätten Gruppenaktivitäten deutliche Vorteile und erleichtern viel.

Aus dem bisher Gesagten wird wohl deutlich, daß es günstig wäre, den Urlaub zum Fasten zu benutzen oder einen zusätzlichen Fastenurlaub zu machen, zumindest jedoch während der ersten Zeit »frei« zu sein.

Bewährt hat sich auch die Kombination mit Psychotherapie, da sich beide Therapien gegenseitig fördern und ergänzen. Tatsächlich hat die Praxis gezeigt, daß es sehr schwierig ist, einen verstopften Patienten zu psychotherapieren, wohingegen mit beginnender körperlicher Ausscheidung meist auch die Ausscheidung seelischen Ballastes leichter abläuft. In beiden Fällen geht es um Loslassen, Sich-Öffnen und vertrauensvolles Hingeben.

Wir können vereinfacht sagen, daß allen körperlichen Schlacken und Ablagerungen solche auf seelischer Ebene entsprechen. Vielfach wird die Parallelität auch direkt erfahrbar, wenn mit einem körperlichen Fortschritt ein seelischer Knoten platzt oder wenn uns ein Traum oder eine Erkenntnis durch eine körperliche Krise hindurchführen. Je mehr Gelegenheit wir uns zu solchen Erfahrungen lassen, um so besser. Ähnlich wie wir uns beim Fasten keine materielle Nahrung zuführen, sollten wir auch mit geistiger Nahrung zurückhaltend sein. Die Seele braucht Raum und Zeit, um loszulassen und Altes aufzuarbeiten. Hier sehen wir schon, woher der gute Einfluß der Stille und des Schweigens auf den Fastenprozeß rührt. Nicht Neuaufnahme, sondern Verarbeitung des Alten stehen ja im Vordergrund. Folglich sind alle Orte der Stille für diese Zeit der Regeneration besonders geeignet.

Allerdings braucht niemand den Kopf gänzlich hängen zu lassen, wenn die äußeren Bedingungen nicht ideal sind. Das Fasten schafft aus sich heraus einen Bereich der Stille, und diese Stille liegt im Innern und ist mindestens so wertvoll wie die äußere. Die innere und die äußere Ruhe schaffen zusammen die idealen Voraussetzungen für die Fastenkur, und die Fastenzeit allein fördert durch die innere auch die äußere Ruhe. Genau wie äußere Hektik uns innerlich durcheinanderbringen kann, können wir umgekehrt beim Fasten die Erfahrung machen, daß innere Ruhe ansteckend auf unsere äußere Umgebung wirkt, und so ist im Endeffekt jede äußere Situation geeignet, wenn nur die innere Einstellung stimmt.

Grundsätzlich schwanken die Möglichkeiten also zwischen dem Fasten im Alltag bei weiterlaufender Arbeit und dem Rückzug in Einsamkeit und Stille. Jeder muß für sich aus der ganzen Bandbreite der Möglichkeiten die für ihn beste herausspüren, wobei die Extreme an beiden Enden der Skala am Anfang durchaus zu schwierig und auch in der Wirkung zu stark sein mögen. Bei einigen wird die gesundheitliche Situation die Kur in der Fastenklinik erforderlich machen, und es empfiehlt sich, die entsprechende Institution bewußt auszuwählen. Wenn Sie sowieso nicht zu Hause sind, ist es doch gleichgültig, ob Sie ein bißchen weiter fahren müssen – vielleicht bekommen Sie ja dafür gleich noch eine schöne Umgebung.

Wer es sich leisten kann und will, den Schwerpunkt mehr in spirituelle Richtung zu legen, und trotzdem in einer Gruppe sein möchte, kann etwa in einem Kloster fasten oder an einem Fasten- und Zenkurs[1] teilnehmen. Für alle jene aber, deren

---

1 Zen und Fasten ergänzen sich in idealer Weise auf dem Weg zur Bewußtwerdung, sowohl in praktischer Hinsicht als auch vor allem von ihrem Wesen her. Wer Fasten mit dieser östlichen Meditationstradition auf christlichem Boden verbinden will, sei an das Jesuitenkloster in Schönbrunn bei Zug in der Schweiz verwiesen. Auch ich selbst betreue solche, aber auch weniger strenge Fastenseminare. Informationsadresse: Heilkundezentrum Johanniskirchen, Schornbach 22, 84381 Johanniskirchen.

gesundheitliche Situation so etwas nicht erlaubt, sei gesagt: Ein Anfang auf dem Boden von Krankheit verhindert keineswegs die spirituelle Ebene, im Gegenteil, die Krankheit mag so gerade der erste Schritt eines langes Weges zur Heilung werden.

Wann ist die beste Zeit?

Es fällt auf, daß viele Religionen ihre typischen Fastenzeiten in den Frühling legen. Der Umschwung der Natur in dieser Jahreszeit hat auch seine Auswirkungen auf den Menschen und eignet sich so besonders für Umstimmungs- und Reaktionstherapien. Auch spricht das natürliche Bedürfnis der meisten Fastenpatienten nach Wärme zumindest für die warme Jahreszeit. Buchinger, der Altmeister des Fastens, gibt verschiedene Gründe für jede Jahreszeit an, und Zimmermann fand in einer Studie keine wesentlichen Unterschiede zwischen Sommer und Winter. Diese Frage läßt sich wohl nicht pauschal beantworten. Jeder sollte versuchen, für sich selbst herauszufinden, zu welcher Jahreszeit er den stärksten Bezug hat – am besten die Augen schließen und in lebendigen Bildern alle Möglichkeiten durchleben. Wer wirklich zu keinem Ergebnis kommt, ist sicher ganz gut beraten, wenn er sich einfach an die Erfahrungen der Religionsgründer hält.

Zusammenfassend läßt sich sagen: Wie in vielen Fällen ist es auch hier am besten, Sie finden die Antworten auf die Fragen nach dem Wann und Wo aus sich selbst heraus – horchen in sich hinein und lassen vor Ihrem inneren Auge die Situation entstehen, in der Sie sich wohl und geborgen, ruhig und ausgeglichen erleben, wo Sie die Möglichkeiten haben, sich nach

Lust und Laune zurückzuziehen oder Ihrer Lieblingsbeschäftigung nachzugehen, alles dürfen und nichts müssen – mit einem Wort, wo Sie sich wohl fühlen können. Um so mehr psychische Energie Sie in diese Ihre Vorstellung investieren, desto eher wird es Ihnen gelingen, sie auch zu verwirklichen, um so reifer werden Sie für Ihre ideale Fastenzeit werden.

Gedanken vor der Fastenzeit

Sie sollten sich klarwerden, wann Sie anfangen und wie lange Sie wenigstens durchhalten wollen – verlängern können Sie immer noch. An diesen Plan sollten Sie sich dann nach Möglichkeit auch halten. Falls Sie jemanden kennen, der schon Erfahrungen hat – es kann ruhig, muß aber nicht unbedingt ein Arzt sein –, sprechen Sie Ihren Plan mit ihm durch. Es ist auch beruhigend, wenn Sie ihn während der Fastenzeit erreichen und um Rat fragen können.

An dieser Stelle möchte ich vor allem die seelischen Begleitmaßnahmen des Heilfastens betonen. Für die körperlichen Aspekte gibt es ja bereits eine ganze Menge sehr guter Anweisungen (Lützner[1], Zimmermann[2]). Alles, was Sie an körperlichen Reinigungsübungen durchführen, können und sollten Sie auch auf der psychischen Ebene Ihrer eigenen inneren Bilderwelt erleben. Die Psyche ist genauso real und wichtig wie der Körper und sicher kaum weniger verschmutzt und verkrustet. Um sich hier den Einstieg zu erleichtern, vor allem wenn Sie keine Erfahrungen mit Bildermeditationen haben, lohnt es sich,

---

1 Lützner, Hellmut, *Wie neugeboren durch Fasten*

2 Zimmermann, Walther, *Übergewicht leicht gemacht*

Meditationskassetten[1] zu verwenden, zumindest so lange, bis Sie einige Übung haben. Später können Sie dann die angegebenen Vorschläge erweitern und aus sich heraus eigene Wege entwickeln. Neben solchen Bildermeditationen in Ruhe (im Liegen oder Sitzen) bewährt es sich, die körperliche Säuberung mit Imaginationen innerer Reinigung zu verbinden.

So wichtig alle funktionalen Maßnahmen wie z. B. das Waschen und der Einlauf auch sein mögen, genauso wichtig ist das Bewußtsein, das sie begleitet. Wenn Sie sich den ganzen Tag mit dem Fasten beschäftigen, vom Trockenbürsten bis zum Teepflücken, und in Gedanken nicht dabei sind, ist wenig geschehen. Dann ist es tatsächlich besser, Sie unterlassen all diese leeren Maßnahmen und duschen sich statt dessen einmal bewußt, lassen mit dem äußeren Schmutz auch den inneren abfließen und machen mit ähnlicher Einstellung ab und zu Ihren Einlauf. Dieses seelische Mitvollziehen aller Fastenmaßnahmen kann gar nicht oft genug betont werden, gerade weil es uns so schnell auf die Nerven geht, leben wir doch in einer durch und durch funktionalen Welt. Wir sind aber nicht ausschließlich funktionale Wesen – diese Erkenntnis wird uns das Fasten noch näherbringen. Anfangs mag es lästig und anstrengend sein, aus jedem Händewaschen ein bewußtes Ritual zu machen – die Belohnung allerdings wird jeden überzeugen, der es versucht.

---

1 Besonders zu empfehlen ist hier die Doppelkassette: *Elemente – Rituale*, Musik von Shantiprem oder bei geringen Vorerfahrungen das Buch: Dahlke, Ruediger, *Reisen nach Innen.*

Start zum Fasten

Der Eintritt in die »neue Zeit« beginnt mit dem Austritt aus der »alten«. Das »alte Leben« sollten Sie mit einem ganz normalen Tag beenden, ohne sich allerdings noch einmal richtig vollzustopfen – warum denn auch? Lesen Sie lieber noch einmal den Abschnitt »Fasten und Angst«. Jetzt ist auch der Zeitpunkt gekommen, sich endgültig zu entscheiden, welche Art von Fasten Sie durchführen wollen. Ob Sie nur Tees trinken wollen oder Säfte oder aber beides – vielleicht ist zu Beginn eine Mischung aus Tee- und Saftfasten ganz günstig. Das beschäftigt und beruhigt vor allem die Umwelt, die sich eben leider oft in eigenen Abwehrängsten von Verhungern und Vitaminmangel ergeht.

Wenn es nötig ist, machen Sie sich und Ihrer Umgebung noch einmal klar, worum es Ihnen geht und daß wir in einer Zeit leben, wo sich viele ursprüngliche Wahrheiten gerade ins Gegenteil verkehrt haben. Heute ist es eben viel leichter, sich zu Tode zu fressen, als zu verhungern, auch wenn das Jahrtausende hindurch anders war. Wo etwa Vitamine immer knappe, lebenserhaltende Stoffe waren, wie der Name noch zeigt, werden wir inzwischen nur so überschwemmt mit ihnen, und es ist ein echtes Kunststück, heute Vitaminmangel zu bekommen. Noch krasser ist es mit dem Salz. Jahrhunderte hindurch ein wichtiger Faktor zum Überleben, wird es jetzt in solchen Mengen genossen, daß es hauptsächlich schadet, und die Fastenzeit auch in dieser Hinsicht eine Erholung für unser versalzenes Leben wird. Ähnliches gilt für unseren momentanen Eiweißkonsum.

Ja, die Zeit ist so schnellebig geworden, daß sich die Dinge, die sich gerade umgedreht haben, zum Teil schon wieder umkehren. Hatten wir uns von den groben Nahrungsmitteln zu verfeinerten vorgearbeitet (etwa vom braunen Reis zum weißen), so fanden wir bald aus gesundheitlichen Gründen zu den ursprünglichen Formen zurück. Nun aber müssen wir feststellen, daß aufgrund der großen Umweltverschmutzung gerade unter der Schale der Körner und Früchte das meiste Gift sitzt. Es ist eben nicht mehr so einfach, das »Richtige« zu tun. Kaum haben wir entdeckt, wie gesund es ist, sich trotz Autos auch wieder zu bewegen, müssen wir feststellen, daß das aber in unseren großen Städten mit ihrer Luftverpestung wieder ganz falsch ist. Dort verhält man sich am gesündesten ganz ruhig und atmet flach. Es ist alles nicht mehr so leicht zu durchschauen, und es lohnt, sich ein paar Gedanken zu machen. Wo es notwendig ist, geben Sie Ihren Mitmenschen ruhig welche ab, das kommt auch Ihnen zugute, wenn Sie nämlich später verstanden und »in Ruhe gelassen« werden.

Die Dinge, die Sie während der kommenden Zeit benötigen, sollten Sie mit Muße und Sorgfalt besorgen: Das Obst, die Säfte und Tees sollten von guter Qualität sein, ebenso das Wasser. Das bedeutet heute leider in den meisten Fällen, daß wir auch das Wasser kaufen müssen. Am verträglichsten ist stilles Mineralwasser, wobei es sich auch hier lohnt, verschiedene Sorten auszuprobieren. Außerdem benötigen Sie ein Glas guten Honig, circa 1000 Gramm Glaubersalz und ein Einlaufgerät (Irrigator). An diesen wenigen Dingen sollte nicht gespart werden, schließlich spart man während des Fastens ohnehin eine Menge. Fasten heißt ja auch loslassen, und so können wir ruhig auch in finanziellen Dingen ein wenig loslassen und uns gute Sachen leisten.

An diesem letzten Tag sollten Sie auch noch alle anstehenden lästigen Dinge hinter sich bringen, Verabredungen eventuell absagen, das noch vorhandene Essen verschenken. Jetzt ist auch der richtige Zeitpunkt, entschieden Abschied zu nehmen von Ihren Lieblingsgiften – Sie wollen ja ent- und nicht vergiften. Während des Fastens sind Körper und Seele sehr empfindlich und empfänglich – wir sollten ihnen daher gute Dinge anbieten, jedenfalls weder Alkohol noch andere Rauschgifte, auch kein Coffein. Falls Sie an niedrigem Blutdruck leiden, ist ab und zu eine Tasse schwarzen Tees oder Ginseng-Tee erlaubt.

Homöopathische Medizin oder Bachblütenmittel können gut weiter genommen werden, ja, sie wirken im allgemeinen wegen der zunehmenden Sensibilität sogar intensiver. Chemische **Medikamente** sollten dagegen wegbleiben. Im Zweifelsfall nach Absprache mit Ihrem Arzt langsam absetzen! Falls das schwierig ist, weil er sie ja gerade verordnet hat, geht es oft leichter mit einem naturheilkundlich orientierten Kollegen. Fast immer erfordert ein Absetzen von Medikamenten großes Einfühlungsvermögen von Ihrer Seite, da sich viele Ärzte nur ungern Vorschläge machen lassen. Versuchen Sie es trotzdem, es geht um Sie, nicht um Ihren Arzt!

Der Umgang mit **Genußgiften** fällt noch offensichtlicher in Ihre eigene Verantwortung und fordert unter Umständen eine Menge von Ihnen. Natürlich hat es einen Grund, wenn Sie dieses oder jenes Genußmittel »brauchen«. Und solange dieser Grund im dunkeln bleibt, wird es schwer sein, damit aufzuhören. Ja, wenn es trotzdem gelingt, kann es sogar passieren, daß sich die dahinter stehende Energie einfach ein anderes Ventil sucht, das gar nicht angenehmer sein muß. Das Trinken aufzuhören und statt dessen die Frau zu prügeln, ist offensichtlich noch keine Lösung. Trotz dieser Problematik ist das Fasten eine gute Gelegenheit, mit solchen »Gewohnheiten« zu brechen, und bei längeren Kuren gelingt es nicht selten, der Wurzel der Sucht auf die Schliche zu kommen. In hartnäckigen Fällen mag aber durchaus auch eine Verbindung mit Psychotherapie notwendig werden. Auf alle Fälle ist das Fasten auch bei extremer Sucht eine ideale Begleitung für die Entzugszeit.

Dem **Rauchen** möchte ich noch einen eigenen Abschnitt widmen. Tatsächlich ist es wohl die verbreitetste Sucht überhaupt. Grundsätzlich kann man genau wie oben beschrieben verfahren und es schlicht unterlassen. Oft wirkt sich das allerdings erschwerend auf den Fastenbeginn aus, denn sowohl hinter Rauchen als auch Essen verbirgt sich meist ein gemeinsames venusisches Bedürfnis, nämlich orale Lust. Das drückt sich unter anderem in der Erfahrung vieler Raucher aus, daß sie bei Rauchabstinenz mehr essen, was zu der völlig irrigen Meinung geführt hat, daß Rauchen schlank mache. Beides nun auf einmal zu unterlassen, ist doppelt schwer und führt nur selten zu einer langfristigen Lösung des oralen Problems. Natürlich könnte man den Rauchern empfehlen, während der Fastenzeit mehr zu küssen und ihr Bedürfnis so zu »er-lösen«. Dem steht aber der gerade bei Rauchern erhebliche Mundgeruch beim Fasten entgegen. So ist es am besten, weiter zu rauchen mit einem kleinen Unterschied: Aus der Gewohnheit des unbewußten Nebenherrauchens machen Sie ein bewußtes Rauch-Ritual, nehmen sich wirklich Zeit dafür, bereiten alles sorgfältig vor, und rauchen dann genauso lange, wie Sie bewußt dabei bleiben können. Das bedeutet, Sie folgen Ihrer Hand, die die Zigarette hält, mit Ihren Gedanken genauso, wie wenig später dem Rauch auf seinem Weg in die feinsten Verästelungen Ihrer Lunge und schließlich den winzigen Nikotinmolekülen auf ihrer »blutigen« Reise in die letzten Winkel Ihres Körpers. Sobald Sie mit den Gedanken vom Rauchen abweichen, machen Sie die Zigarette aus und gehen zu dem über, woran Sie sowieso gerade dachten. Natürlich braucht so ein Ritual Zeit und Ruhe, und mehr als drei Zigaretten werden Sie nicht schaffen. Aber drei reichen ja auch völlig. Schließlich ist der bewußte Genuß viel intensiver, und drei schaden auch nicht. So kann aus dem Laster ein schönes Ritual werden. Denken Sie nur an den Kreis der die Friedenspfeife rauchenden Indianer!

Und noch etwas kann uns diese kleine Übung zeigen: die Macht des Bewußtseins. Schon einige Male habe ich erlebt, daß engagierte Kettenraucher nach kurzer Zeit berichten, daß ihnen von dieser Art des Rauchens schlecht werde, gerade so schlecht wie vor vielen Jahren von der ersten Zigarette. Was wir bewußt tun, wirkt eben stärker.[1]

Am besten sollten Sie jetzt schon beginnen, sich seelisch auf das »neue Leben« einzustellen, vielleicht etwas entsprechendes lesen, z. B. das Essener-Evangelium. Nur beachten Sie bitte, falls Sie bei Ihrer Fastenlektüre auf andere Spuren und Wege stoßen, radikaler können Sie immer noch werden. Es ist aber meist besser, milde, d. h. mit dem hier beschriebenen Plan zu beginnen, denn es macht viel mehr Freude, sich nicht so viel vorzunehmen, es dann aber zu erreichen, als hinter einem Riesenanspruch dann doch ein bißchen zurückzubleiben.

Beginnen Sie mit einem Entlastungs-[2] oder Obsttag. Äpfel, Apfelsinen und anderes Obst (im Winter Feigen, Backpflaumen) sind in beliebiger Menge erlaubt, allerdings sollten sie sehr gründlich gekaut werden. Zu trinken brauchen Sie jetzt nichts Besonderes; wenn Sie Durst haben, nehmen Sie Kräutertee. Dieser Obsttag ist sehr wichtig, weil so das letzte, was im Darm verbleibt, Obstreste (Zellulose) sind, die nicht so leicht gären wie Getreide (Glucose) oder faulen wie Fleisch (Eiweiß). Gärende und faulende Rückstände führen leicht zu Blähungen, Durchfällen und Kopfschmerzen.

---

1 Tatsächlich handelt es sich hier ja um ein starkes Gift – das Nikotin von drei Zigaretten wirkt, in die Blutbahn gespritzt, bereits tödlich! Siehe auch: Dahlke, Ruediger/Dahlke, Margit, *Die Psychologie des blauen Dunstes*

2 Wenn Sie weniger Lust auf Obst haben, können Sie den Entlastungstag auch mit salzlosem Sauerkraut (ca. 2 Pfund) über den Tag in 5–6 Portionen verteilt, bestreiten. Oder aber Sie machen einen Safttag mit ca. 2 l Fruchtsaft, ebenfalls in 6 Portionen aufgeteilt.

Sie können auch zwei solcher Obsttage machen und werden sehen, daß jetzt bereits durch die eintretende Entwässerung ein Gewichtsverlust eintritt. Zum Wiegeritual ist zu sagen, daß, wenn Sie Spaß daran haben, Sie sich ruhig jeden Tag wiegen sollten, nur machen Sie es immer in der gleichen oder ohne Kleidung, jeweils vor oder nach dem Wasserlassen. Wenn Sie astrologisch eine Jungfrau-Betonung haben, können Sie ruhig auch eine Verlaufskurve oder Statistik anlegen, nur, vergessen Sie darüber nicht die wichtigen Dinge. Erinnern Sie sich, daß das Abnehmen nicht das wichtige ist, es kann auch Tage geben, an denen Sie gar nicht abnehmen, besonders bei Frauen kann das in Abhängigkeit von der hormonellen Situation sein. Lassen Sie sich dadurch nicht entmutigen – Fasten ist nicht gleich Abnehmen, es beinhaltet viel mehr.

Der erste Fastentag

Der beste Einstieg ist gleich morgens eine gründliche **Darmentleerung**. Hier gibt es verschiedene Möglichkeiten:

a) Sie haben ganz natürlich Stuhlgang, dann können Sie entspannen und brauchen gar nichts zu tun.
b) Von selbst tat sich noch nichts, Sie können aber mit einem Achtelliter Sauerkrautsaft erfolgreich nachhelfen.
c) Radikaler ist das Glaubersalz (A_1). 30 Gramm auf einen halben Liter warmen Wassers in 10 Minuten getrunken, führen im allgemeinen in den nächsten Stunden zu einigen durchfallartigen Darmentleerungen – bleiben Sie deshalb in Toilettennähe. Falls es immer noch nicht klappt, können Sie die Prozedur auch wiederholen.
d) Haben Sie einen empfindlichen Verdauungsapparat, so können Sie das Glaubern auslassen und gleich mit einem Einlauf (A_2) beginnen. Das ist viel schonender und lange nicht so unangenehm, wie viele anfangs denken. Bei neuralgischen und rheumatischen Schmerzzuständen bringt das Glaubersalz allerdings oft den Vorteil mit sich, daß diese Beschwerden durch die radikale anfängliche Umstellung schlagartig verschwinden. Läßt das Glukkern, Gurgeln und Bauchgrimmen einmal gar nicht nach, was zum Glück sehr selten vorkommt, lege man sich ins

warme Bett, eine Wärmflasche auf den Bauch und bei Bedarf auch auf die Füße, trinke etwas Kamillentee und warte ab – abwarten, Tee trinken!

Mit dieser Darmreinigung sind Sie bereits mitten in der Fastenkur. Ihr Körper beginnt bereits mit dem neuen Programm – Ausscheidung statt Speicherung. Geben statt nehmen ist auch für ihn manchmal gesund.

Sehr wichtig wird nun das **Trinken** – Sie sollten reichlich trinken in dieser kommenden Zeit, mindestens 1 1/2 Liter am Tag, entweder als Tee und Wasser oder Saft und Wasser oder alles drei. Der Organismus braucht in dieser Zeit viel Flüssigkeit, um die Schlacken und Giftstoffe lösen und ausscheiden zu können – wie bei jeder gründlichen Reinigung ist auch hier gründliches Spülen nötig. Denken Sie beim Trinken vielleicht auch mit daran, daß Wasser ja nicht nur konkret das beste Lösungsmittel für Abfallstoffe ist, auch im übertragenen Sinne stellt es das empfängliche, weibliche Prinzip im Gegensatz zum abstrahlenden, feurig-männlichen dar. Wenn wir uns also dem wäßrigen Element und seiner aufnehmenden Kraft ganz öffnen, kann viel mehr geschehen, als nur ein äußerlicher Hausputz.

Im Hinblick auf die Trinkmengen seien Sie nur nicht zu kleinlich. Sie können gar nicht zu viel trinken, sehr leicht aber zu wenig. Das aber wird schnell unangenehm und sogar gefährlich. Ein paar Tassen Tee sind durchaus nicht ausreichend. Füllen Sie sich am Anfang einmal tatsächlich 1 1/2 Liter oder noch besser 2 Liter ab und machen sich sinnlich klar, wieviel das doch ist. Das »Was« ist dabei weniger ausschlaggebend als das »Wieviel«, und wie immer ist auch das »Wie« von Bedeutung.

Wenn Sie ein Zusätzliches tun wollen, können Sie sich ein kleines Tee-Programm zusammenstellen. Genausogut tun es aber auch diejenigen Kräutertees, die Ihnen am besten schmecken. Falls Sie ein medizinisches Tee-Programm bevorzugen, hier ein Vorschlag:

Am ersten Tag könnten Sie als Schwerpunkt einen Nieren-Blasentee wählen, am zweiten Tag, vielleicht zur Mittagszeit, einige Tassen Leber-Gallentee folgen lassen, unter Umständen kurz vor dem Leberwickel (A6), und am dritten Tag einen Blutreinigungstee wählen. Dann können Sie wieder von vorn beginnen oder auch Ihren speziellen Bedürfnissen folgend z. B. einen Herz-Kreislauftee nehmen (Vorsicht: nicht zu viel, kann zu Herzklopfen führen!) oder etwa zur Regeneration Ihrer verräucherten Lunge einen Brusttee für die Atemwege. Besonders abends oder aber auch zwischendurch kann ein Nerventee nützlich sein.

Natürlich kann man sich die Mischungen auch selbst herstellen, sogar selbst pflücken. Für alle Fälle sind im Anhang (A3) einige Kräutermischungen angeführt. Außerdem gibt es bereits fertige Mischungen, die sich ganz gut eignen. Diese haben sogar den Vorteil, daß sie sicherlich nicht gefährlich gemischt sind, denn tatsächlich ist jedes Pharmakon, wie das griechische Wort schon sagt, auch ein Gift. Das hängt lediglich von der Dosis ab. Auch diese Tees sind letztlich Medizin und gerade beim durch Fasten sensibilisierten Organismus in ihrer Wirkung nicht zu unterschätzen. Die übrige Flüssigkeitsmenge kann man mit den üblichen Kräutertees auffüllen. Auch hier kann ein wenig Phantasie angenehme Abwechslung in die Fastenzeit bringen. Statt immer nur Pfefferminz und Kamille aus den bewährten Beuteln kann ein frischer Zitronen-Melissentee, Französisches Eisenkraut oder Griechischer Bergtee aromatische Wunder wirken.

Bei den Obst- und Gemüsesäften (A4) kann man genauso vorgehen – bei der ersten Kur ist es vielleicht ratsam, neben dem Tee-Programm einfach seine Lieblingssäfte zu trinken (nach dem Glaubersalz empfiehlt sich auf alle Fälle ein kräftiger Schluck!). Während bei den Tees das Selbstpflücken schon eher eine Spitzfindigkeit ist, empfiehlt sich das Selbstpressen der Säfte aus frischem Obst auf alle Fälle. Der Unterschied zu den besten gekauften ist eindrucksvoll.

Wo es bei Tee keine Mengenbeschränkung nach oben gibt, sollten Säfte nur in Maßen getrunken werden und anfangs nicht mehr als 2 Gläser vor- und 2 nachmittags. Wer Sie gut verträgt, kann später ja einmal ein richtiges Saftfasten durchführen. Die Säfte sollten allerdings nicht zu dick sein und können mit Wasser nach Belieben verdünnt werden. Dicke Säfte mit viel zuckerhaltigem Fruchtmark in großer Menge genossen, können eine fast vollwertige Ernährung sein; es geht uns ja um Fasten und nicht um Flüssigernährung.

Sehr wichtig: Alle Getränke, ob Saft, Tee, Brühe oder Wasser, sollten Schluck für Schluck *genossen,* ja richtig »gekaut« werden – etwa wie Weinkenner einen besonders wertvollen Wein genießen. Vor allem aber: langsam! Falls ein empfindlicher Magen die Säfte nicht schätzt, empfiehlt es sich, sie durch einen Teelöffel Leinsamen zu entschärfen (Leinsamen bindet die Gerbsäure ab) oder aber zwischendurch einen Schluck Kartoffelsaft zu nehmen. Ist der Magen bereits verstimmt, kann ihn auch ein Schluck Leinsamen- oder Haferschleim (A5) wieder versöhnen. Zweimal am Tag, vormittags und nachmittags, gibt es jeweils einen Teelöffel Honig in den Tee. Das ist ebenso wichtig (da es einen größeren Harnsäureanstieg verhindert) wie angenehm (da es das Fasten noch mehr versüßt). Der Honig liefert uns, ähnlich wie die Fruchtsäfte, eine gute Gelegenheit, uns selbst hereinzulegen. Dann nämlich, wenn wir den Ratschlägen nicht nach ihrem Geist, sondern nach dem Buchstaben folgen. Natürlich kann man einen Teelöffel bis zum Stielende in den Honig bohren und ein viertel Pfund aufladen – das ist dann eben ein Kinderstreich und als solcher ja auch in Ordnung. Wir können uns beim Fasten immer nur selbst betrügen, niemals jemand anderen, und so können wir es auch gleich bewußt tun – es dann aber auch genausogut lassen. Im Fall des Honigs kommt noch der Nachteil dazu, daß so eine plötzliche große Glucosemenge nicht etwa Kraft gibt, wie man gerne meint, sondern letztlich zu Schwäche führt, weil langfristig der Blutzuckerspiegel über eine Stoffwechselgegenregulation gesenkt wird.

An diesem ersten Fastentag sollten Sie im übrigen noch nicht so aktiv werden. Gönnen Sie sich viel **Ruhe**, legen sich hin zum Lesen oder Musik hören oder einfach zum Nichtstun. Machen Sie, wenn Sie sich danach fühlen, in der Mittagszeit einen warmen Leibwickel (A6), Ihrer Leber zuliebe. Sie hat jetzt viel zu tun, da die Hauptentgiftungsarbeit ihr zufällt, und

Wärme regt die Stoffwechselprozesse noch mehr an. Nach dieser Stunde kann es sein, daß Sie sich noch müder, etwas schwer und manchmal auch ein bißchen depressiv fühlen. Das liegt wohl daran, daß in dieser Entgiftungsphase (allein durch das Hinlegen steigt die Leberdurchblutung schon bis zu 40 %) noch mehr Abbauprodukte ins Blut gelangen. Auch hat die Leber eng mit der Stimmung zu tun, wie uns noch der Ausdruck »Melancholie« (= schwarze Galle) der alten Ärzte zeigt. Versuchen Sie, das einfach anzunehmen. Sie werden später spüren, daß Ihnen die Ruhe und die Wärme sehr guttun. Wenn Sie können und Lust haben, machen Sie einmal am Tag dieses kleine Ritual.

Wenden Sie sich dabei am besten ganz nach innen, horchen Ihrem Körper zu, wie er sich mit dem Abfall der letzten Jahre beschäftigt, und helfen ihm in Gedanken.

Wenn Sie wollen, können Sie in dieser Zeit ja auch die Elementekassette hören. Falls sie Ihnen dabei allmählich langweilig wird, schadet das gar nichts. Die Langeweile mag schließlich Ihre Phantasie anregen, so daß Sie anfangen, Ihre eigenen Reisen in Ihr Inneres zu unternehmen, selbst durch die Bilderwelt Ihres Körpers und Ihrer Seele zu wandern. Oder aber Sie besorgen sich weitere Meditationskassetten[1], um mit ihrer Hilfe die eigene Innenwelt zu durchforschen.

Die Antworten auf all unsere Fragen und Probleme liegen ja doch letztlich in uns selbst. Wir müssen nur lernen, die richtigen Fragen zu stellen, ruhig zu werden und die Antworten im

---

1 Siehe Kapitel »Fasten als Weg zur Selbsterkenntnis«

Innern zu erkennen. So können wir mit der Zeit unseren eigenen **inneren Arzt** entwickeln, der auf diesen Ebenen – die mit Zeit und Übung immer klarer, plastischer und damit auch wirklicher werden – diagnostizieren und dann auch behandeln lernen wird. Wichtig ist nur, daß Sie und damit »er« von Anfang an lernen, die Dinge anzunehmen, mit ihnen umzugehen und nicht zu kämpfen. Kampf provoziert immer nur neuen Kampf. Außerdem, warum sollten wir gegen irgend etwas in uns kämpfen – es wird sowieso so lange dableiben oder immer wieder kommen, bis wir verstanden haben, was es uns eigentlich sagen will. Wenn wir es dann angenommen und seine Botschaft verstanden haben, wird es ohne Kampf möglich sein, uns davon zu trennen oder es weiter zu entwickeln. Wer also z. B. in seinem Darm dunkle, unangenehme Krusten diagnostiziert, sollte seinen inneren Arzt befragen, woher sie kommen könnten und was sie wohl sagen wollen. Ist das ehrlich und befriedigend geklärt und sind diesen Krusten im Bewußtsein die Existenzgrundlagen entzogen (z. B. durch den Vorsatz, keine neuen mehr aufzubauen, durch das Verhalten x, y, die Einstellung z), so kann »Ihr Arzt« auch daran gehen, die vorhandenen zu behandeln. Ganz bildlich durch Putzen, Spülen oder wie immer es Ihrer Phantasie entspricht. Es empfiehlt sich auch, diese Dinge auf der seelischen Ebene zu behandeln, sie mit Licht einzuhüllen, mit Liebe zu umgeben und sie mit dieser positiven Einstellung – denn sie haben uns ja wirklich etwas Wichtiges gezeigt – abzugeben, herauszubitten, wenn wir sie nicht mehr benötigen. Sie werden erleben, wie sich auf diesen inneren Bilderebenen verschiedene Dinge vermischen – reale

Bilder aus der Körperwelt mit mehr archetypischen Symbolen bis zu anfangs unverständlichen Zeichen – und Sie werden lernen, sich allmählich immer besser zurechtzufinden und auch Vertrauen zu Ihren eigenen Bildern zu finden. Wenn Sie etwa einen großen schwarzen Klumpen im Herzen diagnostizieren, wird anfangs Ihr Verstand sofort Ihrer ängstlichen Seele zu Hilfe kommen und versichern, daß das ganz unmöglich sei, es so einen großen Thrombus etwa gar nicht gäbe. Auf seiner Ebene hat der Verstand schon recht, nur gibt es ja noch viele Ebenen, und so sollten Sie »Ihrem Arzt« auch da vertrauen und auch diesen Klumpen annehmen und ernstnehmen, fragen, was er bedeutet und ihn auch behandeln – mit diesem oder jenem Gefühl oder Verhalten, mit Licht oder Liebe. Der Behandlungsvorschlag wird mit der Zeit immer sicherer aus Ihnen selbst kommen. Das entscheidende bei der Kontaktaufnahme zu dieser inneren Instanz – unserer inneren Stimme – ist der erste Schritt, der Mut, überhaupt anzufangen. Jeder Mensch hat innere Bilder – unser ganzes Denken läuft über sie –, und jeder hat auch eine innere Stimme – ständig führen wir ja auch dann, wenn wir nicht sprechen, innere Gedankenmonologe. Der inneren Stimme auf einer tiefen Ebene zu begegnen und sie ernst zu nehmen, ist nur ungewohnt, aber keineswegs unmöglich. In ihren negativen Auswirkungen müssen wir diese Stimme ja auch ernst nehmen, warum dann nicht auch in ihren positiven Möglichkeiten. Wenn wir sie nämlich lange genug völlig ignorieren, kann es passieren, daß die Stimme von sich aus unangenehm laut wird. Zu lange unterdrückt gewesen, gibt sie lautstark Kunde von unseren unbewußten Seiten. Jetzt müssen wir notgedrungen zuhören, meist ist es aber so spät, daß die betreffenden Menschen keinen anderen Ausweg mehr finden, als den dunklen, unbewußten Teil ganz abzuspalten. Die Psychiater sprechen dann von einem schizophrenen Schub, was das Ganze beschreibt – Bewußtseinsspaltung –, aber weder erklären noch ändern kann. Tatsächlich brauchen wir nicht zu warten, bis uns unser Unbewußtes überfällt, wir können uns ihm vielmehr jederzeit nähern und es uns nutzbar machen. Ganz praktisch kann das so beginnen, daß man sich hinlegt, eine meditative, unstrukturierte Musik[1] auflegt und einfach in sich hineinlauscht. Anfangs zaghaft, später deutlicher, wird man so über Bilder, Phantasien und Symbole der inneren Stimme näherkommen. Wem das zu vage ist, der kann sich mit Kassetten helfen, sowohl die Meditation »Tiefenentspannung«[2] als auch besonders »Innerer Arzt«[2] sind für diesen Zweck gemacht.

Im allgemeinen macht der **Schlaf** keine allzu großen Probleme beim Fasten, im Gegenteil erleben Menschen, die mit Schlafproblemen *kämpfen,* oft während des Fastens hier eine positive Überraschung. Wieder ist das Bewußtsein, die Einstellung, das Entscheidende. – Obwohl es sicherlich sinnvoll wäre, während des Fastens relativ früh, vielleicht vor 10 Uhr, ins Bett zu gehen, kann es keine starren Regeln geben – gerade beim Schlaf wird uns wieder klar, wie wenig wir erzwingen, mit Gewalt erreichen können. Kampf führt eben auch hier wieder

1 Zahlreiche Musikempfehlungen in: Dahlke, Ruediger, *Reisen nach Innen*
2 Beide Kassetten von R. Dahlke

zu Krampf, und verkrampft einzuschlafen ist erstens sehr schwer und zweitens gar nicht gesund. Die Gedanken, mit denen wir einschlafen, laufen noch eine ganze Zeit unbemerkt weiter – manchmal merken wir es allerdings doch an der Qualität der Träume, so daß es sehr gut wäre, gerade hier mit harmonischen Gedanken einzuschlafen. – Auch hier haben wir wieder eine Möglichkeit, uns selbst auszusuchen, wie es uns geht, bzw. wie wir schlafen werden. Wenn der Schlaf einmal nicht kommen will, dann akzeptieren wir das eben, schauen uns an, was statt dessen kommt, lauschen mal wieder in uns hinein und spüren, was los ist in unserem Körper und Geist. Dieses ruhige Daliegen mit dem Gefühl des Annehmens, des Hineinspürens, hat an sich schon etwas sehr Erholsames, und das ist ja schließlich auch der Sinn des Schlafens. Außerdem kommt der Schlaf dann meist gerade aus dieser Haltung *von selbst.* Das ist genau der Witz: Er muß *von selbst* kommen, und wir müssen ihn *lassen.* – Wenn er nicht von selbst kommt, kommt er gar nicht. Wir können ihn jedenfalls nicht herbeizwingen. Auch nicht mit Schlaftabletten – damit erreichen wir eher eine chemisch herbeigeführte Bewußtlosigkeit als natürlichen Schlaf.

Falls Sie doch auf Hilfsmittel nicht verzichten können – wollen – so bleiben Sie bei natürlichen Dingen:

a) Wenn es der Hunger ist, der am Schlafen hindert, besänftigen Sie ihn, wie auch sonst an diesen ersten Tagen mit einem Getränk.
b) Beenden Sie den Tag mit einer schönen entspannenden Tätigkeit, nicht mit einem Fernsehkrimi.

c) Geistige Arbeit und vor allem aufregende Dinge treiben das Blut in den Kopf und gerade der sollte zur Nacht entlastet sein. In solchen Fällen bietet es sich an, die Blutfülle z. B. durch körperliche Betätigung (Gymnastik, Spaziergang, Waldlauf) in die Muskeln abzuleiten. Auch Wassertreten (A7) oder ein ansteigendes Fußbad (A8, A13) erfüllen denselben Zweck.

d) Zu gutem Schlaf brauchen wir frische Luft – also Fenster auf! Wenn Sie frieren, was beim Fasten besonders leicht vorkommt, decken Sie sich lieber noch besser zu; oder nehmen die Wärmeflasche, aber öffnen Sie das Fenster.

e) Die Füße sollten auf keinen Fall kalt sein. Machen Sie noch vor dem Zu-Bett-Gehen ein ansteigendes Fußbad (A13).

f) Wenn Sie gar nicht auf »Medizin« verzichten können – wollen – dann nehmen Sie eine Tasse Melissen-Tee oder Baldrian-Tropfen.

Der zweite Fastentag

Der zweite Fastentag beginnt natürlich mit dem Aufstehen. Das mag ganz problemlos gehen, kann aber – besonders bei Neigung zu niedrigem Blutdruck – dazu führen, daß es Ihnen schwindelig oder schwarz vor Augen wird, vor allem, wenn Sie zu schnell aufspringen. In diesem Fall können grundsätzlich 5 Dinge helfen, Ihren **Kreislauf** anzuregen:

1. Machen Sie sich klar, daß das etwas ganz Natürliches ist und keinerlei Grund zur Sorge – es ist ja wohl auch schon früher passiert. Steht man zu rasch auf, kommt das Blut nicht schnell genug in Schwung und versackt zuerst einmal in die tiefen Körperregionen – es fehlt dann im Kopfbereich – uns wird schwindelig. Das allerschlimmste, was passieren könnte, wenn Sie sich nicht schnell genug wieder setzen, ist, daß der Körper sich selbst hilft, indem er sich von sich aus wieder hinlegt – dann fließt nämlich wieder Blut ins Gehirn und ihm ist geholfen. Man kann dann auch sagen: »Ich bin ohnmächtig geworden.« Dieses ohn-mächtig werden ist aber gar nicht so gefährlich, wie es sich anhört. Auf der geistigen Ebene müssen wir es sogar irgendwann einmal richtiggehend lernen und akzeptieren.
2. Nun zum Praktischen: Strecken Sie sich erst mal im Bett, bevor Sie aufstehen. Spannen Sie die Muskeln, indem Sie

gestreckt liegend versuchen, Fußspitzen einerseits und Hände und Kinn andererseits möglichst einander zu nähern.

3. Machen Sie ein bißchen Gymnastik zu einer flotten Musik, die Sie in Schwung bringt oder einige geeignete Yoga-Asanas (A9), um sich richtig durchzudehnen und zu strecken. Außerdem hat jede dieser Übungen eine anregende Wirkung auf bestimmte Drüsen und Organe.
4. »Kneipen« (A7) Sie ein bißchen: Waschen Sie den ganzen Körper kalt ab (von den Händen und Füßen zum Herzen hin) und dann so naß wie Sie sind zurück ins Bett, bis Sie sich wieder wohlig warm fühlen. Oder laufen Sie barfuß durch eine taunasse Wiese oder im Winter durch den frischen Schnee – danach das Warmwerden im Bett genießen. Sie können auch einfach kalt duschen – nur immer erst Beine und Arme, dann Rumpf und zuletzt den Herzbereich.
5. Massieren Sie Arme und Beine oder lassen sich massieren oder bürsten (A10) sich, wieder von den Fingern und Zehenspitzen und vom Scheitel nach dem Herzen zu. Dabei sollten die Fenster sperrangelweit offen sein, und Sie müssen tief durchatmen.

Jetzt müßte Ihr Kreislauf spätestens in Schwung sein, sonst trinken Sie noch ein Glas schwarzen Tee mit Honig. Bei all diesen Übungen, die Sie alle machen können, aber nicht müssen, ist es wie immer sinnvoll, mit dem Bewußtsein dabeizusein, in den Körper hineinzuspüren, das Strecken und Dehnen zu registrieren, auch die Kälte und das Warmwerden, die Bewegungen der Muskeln – lernen Sie, sich selbst zu spüren.

Als nächstes folgt gleich morgens der Einlauf (A_2), den Sie von jetzt an jeden dritten Tag durchführen sollten, es sei denn, sie hätten schon, ohne nachzuhelfen, Stuhlgang gehabt. Er ist tatsächlich die schonendste und gründlichste Art der **Darmreinigung** und bei weitem nicht so unangenehm, wie viele annehmen. Besonders Mütter, die mit Grauen an den Einlauf vor der Entbindung zurückdenken, seien hier beruhigt. Wenn man ihn sich selbst mit der eigenen nötigen Ruhe verabreicht, in der in jeder Hinsicht entspannten Situation des Fastens – der Bauch ist ja jetzt nicht randvoll, sondern im Gegenteil absolut leer – kann es eine ganz friedliche, ja, entspannende Übung werden. Das heftige Loslassen all der alten bis uralten Kotreste kann sogar eine angenehm befreiende Wirkung auf die Stimmung haben. Man fühlt sich wirklich sauber nach diesem »tiefgreifenden« Ritual. Lassen Sie also den Einlauf nicht aus, er kann wesentlich zum Wohlbefinden beitragen. Darüber hinaus hilft er oft bei Kopfschmerzen und Abgeschlagenheit, sogar bei anfänglich noch auftretenden Hungergefühlen.

An den Beginn dieses 2. Fastentages paßt ein Absatz aus dem Essener-Evangelium, wo Jesus über den Engel des Wassers spricht: »Nach dem Engel der Luft sucht den Engel des Wassers. Zieht eure Schuhe und Kleider aus und erlaubt dem Engel des Wassers, euch zu umarmen. Werft euch ganz in Seine umfassenden Arme und sooft ihr die Luft mit eurem Atem bewegt, bewegt mit eurem Körper das Wasser. Ich sage euch wahrlich, der Engel des Wassers wird alle Unreinheiten aus eurem Körper auswaschen, die euch innerlich und äußerlich verschmutzen und alle unsauberen und stinkenden Dinge werden aus euch fließen wie die Unsauberkeit eurer Kleider vom Wasser weggespült wird und im Strom des Flusses sich verliert. Wahrlich, ich sage euch, heilig ist der Engel des Wassers, der alles Unreine säubert und allen übel riechenden Dingen einen süßen Duft verleiht. Kein Mensch kann vor das Gesicht Gottes treten, den der Engel des Wassers nicht vorbeiläßt. Wahrlich, alles muß durch das Wasser und die Wahrheit wiedergeboren werden, denn euer Körper badet im Fluß des Erdenlebens, und euer Geist badet im Fluß des ewigen Lebens, denn ihr erhaltet euer Blut von eurer Erdenmutter und die Wahrheit von eurem Himmlischen Vater. Denkt nicht, daß es ausreicht, wenn euch der Engel des Wassers nur äußerlich umarmt. Wahrlich, ich sage euch, die innere Unreinheit ist um vieles größer als die äußere Unreinheit. Und derjenige, der sich äußerlich reinigt, aber innen unrein bleibt, ist wie die Grabstätten, die außen ansehnlich gestrichen sind, aber innen voller grauenerregender Unsauberkeit und Abscheulichkeit stecken. So sage ich euch wahrhaftig, laßt den Engel des Wassers euch auch innerlich taufen, damit ihr von den vergangenen Sünden frei werdet und daß ihr innen genauso rein werdet wie das Sprudeln des Flusses im Sonnenlicht. Darum sucht einen großen Rankkürbis mit einer Ranke von der Länge eines Mannes, nehmt sein Mark aus und füllt ihn mit Wasser des Flusses, das die Sonne erwärmt. Hängt ihn an den Ast eines Baumes und kniet auf dem Boden vor dem Engel des Wassers und führt das Ende der Ranke in euer Hinterteil ein, damit das Wasser durch alle eure Eingeweide fließen kann. Ruhet euch hinterher kniend auf dem Boden vor dem Engel des Wassers aus und betet zum lebendigen Gott, daß Er euch eure alten Sünden vergibt, und betet zum Engel des Wassers, daß er euren Körper von jeder Unreinheit und Krankheit befreit. Laßt das Wasser dann aus eurem Körper fließen, damit es aus dem Inneren alle unreinen und stinkenden Stoffe des Satans wegspült. Und ihr werdet mit euren Augen sehen und mit eurer Nase all die Abscheulichkeiten und Unreinheiten riechen, die den Tempel eures Körpers beschmutzten und sogar all die Sünden, die in eurem Körper wohnen und euch mit allen möglichen Leiden foltern. Wahrlich, ich sage euch, die Taufe mit Wasser befreit euch von alldem. Erneuert eure Taufe mit Wasser an jedem Fasttag, bis zu dem Tag, an dem ihr seht, daß das Wasser, das aus euch hinausfließt, so rein ist wie das Sprudeln des Flusses. Begebt euch dann zum fließenden Wasser und dort, in den Armen des Wasserengels, stattet Dank dem lebendigen Gott ab, daß er euch von euren Sünden befreit hat. Und diese heilige Taufe durch den Engel des Wassers ist: Wiedergeburt zu einem neuen Leben, denn eure Augen werden dann sehen und eure Ohren werden hören. Darum sündigt nicht mehr nach der Taufe, so daß die Engel der Luft und des Wassers ewig in euch wohnen und euch für immer dienen werden.«

Falls, trotz Bewußtseinsumstellung, Einlauf und vielem Trinken noch Hunger[1] übrigbleibt oder irgendein Schmerz auftritt, versuchen Sie wiederum, nicht dagegen zu kämpfen, lassen Sie das Gefühl zu, gehen Sie ganz hin mit dem Bewußtsein und spüren Sie es. Fragen Sie wieder Ihren (inneren)

---

1 Auch die Einnahme des homöopathischen Medikamentes Annacardium D4 kann in Fällen von hartnäckigem Hunger helfen.

Arzt, was es bedeuten soll. Außerdem wissen Sie ja, daß es bei jedem Großputz unangenehme Phasen gibt – um so mehr Müll verbrannt wird, desto mehr raucht es eben, und manchmal spürt man das auch. Alle unangenehmen Erfahrungen – z. B. wenn Sie plötzlich merken, daß Schweiß und Urin widerlich riechen, daß Sie einen erheblichen Mundgeruch bekommen, sind ja Zeichen, daß sich etwas tut, daß Schmutz gelöst wird. Sie sollten diese Dinge auch mit entsprechender Einstellung erleben und begleiten. Beim Waschen und Duschen können Sie diese Vorstellungen noch ganz bewußt verstärken, auch diese einfachsten Reinigungsübungen zu Ritualen der Loslösung von alten Dingen (körperlichen und seelischen) machen. Stellen Sie sich einmal beim Baden tatsächlich bildlich vor, wie das Wasser erst allen Schmutz von der Oberfläche nimmt, dann tiefer dringt und letztlich den Schmutz aus allen Schichten Ihres Körpers herausspült. Sie werden erleben, daß solche Übungen viel tiefgehender wirken, als Dinge auf körperlicher Ebene, wie etwa Badezusätze (A_{11}), die aber natürlich auch ihren Wert haben. Wenn Sie Bäder (A_{11}) nehmen, sollten Sie Folgendes beachten: Möglichst nicht über 37° Celsius gehen, alles über 40° ist gefährlich! Auch sollten Sie an diesem Tag die Leberpackung weglassen. Beides kann schon zu viel für den Kreislauf sein. Nach dem Bad sollten Sie sich wenigstens eine halbe Stunde Bettruhe gönnen.

Versuchen Sie, alle Dinge – nicht nur das Baden – in dieser Zeit ganz bewußt zu machen. Sie haben dann wirklich mehr davon. Die Angewohnheit, im Geiste immer schon drei Dinge weiter im voraus zu sein, zahlt sich nie aus. Wenn Sie jetzt etwas trinken, dann trinken Sie es bewußt. Erleben Sie, wie die Flüssigkeit durch Ihren Körper wandert. Wenn Sie spazierengehen, dann gehen Sie einmal wirklich – erleben Sie Ihren Körper, wie er geht! Versuchen Sie auch bewußt tief zu atmen und zwar mit Hilfe Ihres Zwerchfells (dabei bewegt sich der Bauch, nicht die Brust). Vielleicht gelingt es Ihnen dann ein wenig, die Frische zu spüren, die Sie beim Einatmen hereinholen und auch die »müde Luft«, die Sie beim Ausatmen freiwillig verläßt. Vielleicht schaffen Sie es sogar, Ihre Umwelt mit allen fünf äußeren Sinnen zu erleben – in sich aufzunehmen. Wenn es Ihnen dabei noch möglich wäre, an einem schönen Fleckchen Erde in der freien Natur zu sein, wo Sie sauerstoffreiche, frische Luft umgibt und wo die Sonnenstrahlen noch nicht ihre Kraft auf langer Reise durch abgasschwangere Luftschichten verlieren, dann können Sie wirklich zufrieden sein. Im Essener-Evangelium sagt Jesus über den Engel der Luft: »Sucht die frische Luft der Wälder und Felder, und dort in ihrer Mitte werdet ihr den Engel der Luft finden. Zieht eure Schuhe und Kleider aus und erlaubt dem Engel der Luft, euren ganzen Körper zu umarmen. Dann atmet lange und tief, damit der Engel der Luft in euch hineingelangen kann. Wahrlich, ich sage euch, der Engel der Luft wird alle Unreinheiten aus eurem Körper ausscheiden, die ihn innerlich und äußerlich verschmutzen. Und so werden alle unsauberen Dinge aus euch aufsteigen wie der Rauch des Feuers sich aufwärts schlängelt und sich im Meer der Luft verliert. Wahrlich, ich sage euch, heilig ist der Engel der Luft, der alles Unreine reinigt und allem Übelriechenden seinen süßen Duft gibt. Kein Mensch wird vor das Antlitz Gottes treten, der nicht vom Engel der Luft durchgelassen wurde. Wahrlich, alles muß durch die Luft und die Wahrheit wiedergeboren werden, denn euer Körper atmet die Luft der Erdenmutter, und euer Geist atmet die Wahrheit des Himmelsvaters.«

Spaziergänge und überhaupt Bewegung sind in der Fastenzeit besonders gesund. Sie können ruhig 10 Kilometer gehen, wenn Sie sich dabei gut fühlen. Allerdings geht es natürlich gar nicht um besondere Leistungen; Ehrgeiz hat hier keinen Platz, im Gegenteil, Fasten macht uns weniger kämpferisch und richtet die Aufmerksamkeit mehr nach innen. Folgen Sie ruhig dieser Tendenz und gehen dann eben nur ein kleines Stück. Die jetzt wichtigen Dinge liegen womöglich ganz nahe; vielleicht ist es ein alter Baum, an den Sie sich lehnen wollen, oder ein Busch, unter dem Sie gern liegen. Viele Fastende empfinden den Kontakt mit der Natur besonders intensiv, sind Sie jetzt doch auch offener für ihre Geheimnisse und Schönheit. Wenn Sie das nun so lesen, mögen diese Vorschläge für einige ziemlich einfältig klingen, ein Blumenwesen zu erleben oder mit den Bäumen Zwiesprache zu halten. Tatsächlich sind solche Hinweise ja auch naiv, nur haben Sie es schon einmal probiert?

Haben Sie sich schon einmal in Ihrem Leben eine halbe Stunde für einen Baum Zeit genommen? Sie könnten staunen lernen und ein Wunder erleben.

Sie selbst können Ihre **Leistungsfähigkeit** wie immer auch jetzt am besten selbst einschätzen. Seien Sie nur nicht zu ängstlich – Ihrem Körper ist es mittlerweile schon egal, woher das Fett kommt, das er verbrennt. Wenn Sie am Ende des

Fastens Bilanz auf der Waage machen, werden Sie feststellen, daß er *täglich* ebenso viele Kalorien zur Verfügung hatte wie sonst auch. Nehmen Sie in 10 Tagen etwa 5 Kilogramm ab, dann haben Sie circa 3 Kilogramm reines Fett verloren, und das entspricht circa 28 000 kcal (3000 Gramm mal 9,3 kcal/pro Gramm, denn 1 Gramm Fett ergibt 9,3 kcal). Bedenken Sie noch, daß Sie ca. 30 % weniger Energie benötigen, weil die Verdauungsarbeit wegfällt, so hatten Sie also täglich über 3000 kcal zur Verfügung. Sie sehen, daß Sie sich durchaus einiges zumuten dürfen. Nur sollten Sie alles langsam beginnen, denn natürlich spart Ihr Körper und braucht etwas Zeit, bis er die nötige Energie mobilisiert hat. Aber er kann es und sollte sogar ein bißchen gefordert werden. Einmal nehmen Sie dann noch mehr ab, zum anderen eben besonders Fett, denn Muskeln, die trainiert werden, nehmen nicht ab, ja sie können sogar während des Fastens zunehmen. Wenn Sie also an Körpertraining gewöhnt sind, machen Sie es auf alle Fälle weiter. Taten Sie bisher nichts in dieser Richtung, haben Sie vielleicht gerade jetzt Lust, sich ein bißchen zu bewegen. *Es* geht, wenn *Sie es* wollen. Und es hilft Ihnen sehr. Wenn Sie sich nicht gleich trauen, versuchen Sie es erst wieder auf der Bilderebene. Stellen Sie es sich ganz deutlich vor und gehen Sie dann hinein in diese Vorstellung – auch das trainiert Ihren Körper.[1] Es gibt noch eine ganze Reihe von Dingen, die nicht nur beim Fasten, aber besonders auch

1 In einer Studie konnte gezeigt werden, daß Körpertraining in der Imagination ähnlich positive Effekte auf die Durchblutung hat wie reales Training.

da, gesund sind und Spaß machen können, wenn man sie bewußt erlebt. Die verschiedenen Massagen gehören hierher – richtig, d. h. sensibel durchgeführte Reflexzonenmassagen sind für den im Fasten besonders sensiblen Organismus von großem Wert. Manches kann man mit etwas Gefühl hier ziemlich schnell selbst lernen, und wenn man in einer Gruppe fastet, sich gegenseitig antun. Auch eine Bindegewebsmassage wäre sinnvoll, denn um die Entschlackung und Reaktivierung des Bindegewebes geht es ja nicht zuletzt. Hier ist allerdings nicht nur Gefühl, sondern auch Können Voraussetzung. Ähnliches gilt von Atemübungen. Wenn Sie dafür keinen guten Lehrer haben, lassen Sie es lieber sein. Eine weitere Möglichkeit, die aus unseren Fastenkuren nicht mehr wegzudenken ist, möchte ich jetzt noch mit dem Schiele-Kreislaufgerät (A_{13}) vorstellen. Es handelt sich dabei eigentlich »nur« um eine Fußbadewanne, in deren bestechender Einfachheit aber doch eine Fülle von Möglichkeiten steckt. Durch das mittels Thermostat gleichmäßig aufheizende Wasser kommt es tatsächlich zu einem eindrucksvollen Trainingseffekt auf den Kreislauf, vergleichbar einem Waldlauf. Wenn Sie in der Großstadt wohnen, ist das Training im Badezimmer sogar entschieden gesünder als jenes »Jogging« in den Straßen und Stadtparkanlagen. Vor allem aber ist diese Art des Trainings ungleich bequemer, so daß es auch viel eher zu einer gewissen Regelmäßigkeit kommt; die aber ist ausschlaggebend. Über das Kreislaufgeschehen hinaus ist der für meine Empfehlung ausschlaggebende Effekt die gleichzeitig stattfindende Reflexzonentherapie. Täglich einmal (oder sogar zweimal) wird so über die Fußreflexzonen der ganze Körper durchgearbeitet. Nach vier Wochen regelmäßiger Anwendung, die über die Aufbauzeit deutlich hinausgehen sollte, sind die Auswirkungen auf das Wohlbefinden immer eindrucksvoll. Nebenher haben Sie dabei auch noch eine Therapie für die verschiedensten körperlichen Symptome, die wirksam und doch so ungefährlich ist, daß sie gut ohne Arzt durchgeführt werden kann. Zu guter Letzt kommt auch der Ruheeffekt nicht zu kurz. Die abendlichen zwanzig Minuten im Fußbad sind eine ideale Zeit, sich zu besinnen, den Tag noch einmal Revue passieren zu lassen, zu meditieren oder im Sinne der Essener in Kommunikation mit dem Engel des Wassers zu gehen.

Bald wird auch die Mundpflege (A12) in ihrer Bedeutung zunehmen, da Sie, wie die meisten Fastenden, einen erheblichen Mundgeruch bekommen können. Die Zunge wird sich belegen, wie auch manchmal die Zähne. Zusätzlich zum normalen Zähneputzen können Sie den Zungenbelag morgens etwas abschaben. Außerdem empfehlen sich mehrmals täglich Mundspülungen (A12). Gegen den Mundgeruch können Sie einen Tropfen japanisches Heilpflanzenöl auf etwas Wasser geben und damit gurgeln oder ein Zitronenschnitzchen aussaugen, was sehr angenehm sein kann und das Fasten in keiner Weise stört, sondern im Gegenteil fördert. Falls Sie die Zitronen lieber in den Tee träufeln, ist natürlich auch das in Ordnung.

Zur Hautpflege sind trockene Bürstungen (A10) und nasses Abfrottieren geeignet – das fördert auf angenehme Weise die Durchblutung und entlastet so die Haut in ihrer wichtigen

Ausscheidungsfunktion. Zum Eincremen möglichst nur natürliche Produkte (Wala, Weleda ...) benutzen.

Zum Abschluß noch das Kapitel Sonnenbaden. Die meisten Fastenden haben ein natürliches Bedürfnis nach Sonne und Licht. Man könnte die Kur sogar mit einer Wiedergeburt vergleichen, und welches Neugeborene drängt nicht ans Licht der Welt? Nicht nur körperlich werden wir nachher wie neu sein, wir werden uns auch wie neugeboren fühlen. Bei allem Reifen, Wachsen und Vollenden spielt die Symbolik der Sonne eine wichtige Rolle – und so spielt sie sie auch beim Fasten. Das soll nun nicht zu ausgedehntem »In-der-Sonne-Braten« führen, sondern sinnvoller zu einem bewußten Sich-dem-Licht-Öffnen, die Sonne ins Leben hereinlassen. In vernünftigen Maßen allerdings tut die Sonne auch dem Fastenden auf der Haut sehr gut. Durch unsere Lebensweise sind wir heute offensichtlich in einer Situation, wo wir die Sonne relativ schlecht vertragen – über Möglichkeiten, das ein wenig zu bessern, werden wir beim Thema »Essen« noch sprechen.

Bei all diesen Begleitmaßnahmen zum Fasten ist vor allem wichtig, daß sie Ihnen Freude machen und Sie sich nicht quälen müssen. Sie sollten sich dabei wirklich wohl fühlen. Wenn Sie das beachten, werden Sie die Dinge aus Ihrem eigenen Gefühl heraus auch nicht übertreiben – in der Übertreibung liegt wie in allen Dingen, auch beim Fasten die große Gefahr.

Zum sonnigen Abschluß dieses zweiten Tages, der als typischer Fastentag bereits das Muster für all die übrigen abgibt, noch ein Abschnitt aus dem Essener-Evangelium: »Und wenn danach (nach der Begegnung mit den Engeln der Luft und des

Wassers) etwas von euren vergangenen Sünden und Unreinheiten übrigbleibt, sucht den Engel des Sonnenlichts. Nehmt eure Schuhe ab und eure Kleidung und laßt den Engel des Sonnenlichts euren ganzen Körper umarmen. Dann atmet lang und tief, damit der Engel des Sonnenlichts in euch hineingelangen kann. Und der Engel des Sonnenlichts wird alle stinkenden und unreinen Dinge hinaustreiben, die ihn innen wie außen verschmutzen. Und alle stinkenden und unreinen Dinge werden von euch weichen wie auch die Dunkelheit der Nacht vor der Helligkeit der aufgehenden Sonne schwindet. Denn wahrlich, ich sage euch, heilig ist der Engel des Sonnenlichts, der alle Unreinheiten säubert und Stinkendes in süße Düfte umwandelt. Niemand kann vor das Antlitz Gottes treten, den der Engel des Sonnenlichts nicht vorbeiläßt. Wahrlich, alle müssen von der Sonne und der Wahrheit wiedergeboren werden, denn euer Körper wärmt sich im Sonnenlicht der Erdenmutter und euer Geist wärmt sich im Sonnenlicht der Wahrheit des Himmelsvaters. Die Engel der Luft und des Wassers und des Sonnenlichts sind Brüder. Sie wurden dem Menschen gegeben, um ihm zu dienen und damit er immer von einem zum anderen gehen kann. Genauso heilig ist ihre Umarmung. Sie sind unteilbare Kinder der Erdenmutter, und darum entzweit jene nicht, die Erde und Himmel eins gemacht hat. Laßt euch von diesen drei Engelsbrüdern jeden Tag einhüllen und laßt sie das ganze Fasten hindurch bei euch bleiben. Denn wahrlich, ich sage euch, die Macht der Teufel, alle Sünden und Unreinheiten werden hastig den Körper verlassen, den diese drei Engel umarmen. So wie Diebe aus einem verlassenen Haus fliehen, wenn der Herr des Hauses kommt, einer durch die Tür, einer durch das Fenster und der dritte übers Dach, jeder da, wo er sich aufhält und wie er kann. Genauso werden alle Teufel des Übels, alle vergangenen Sünden und alle Unreinheiten und Krankheiten entfliehen, die den Tempel eures Körpers verschmutzen. Wenn die Engel der Erdenmutter euren Körper betreten, in der Weise, wie sie ihn als Herrn des Tempels wieder in Besitz nehmen, dann werden alle üblen Gerüche hastig mit eurem Atem und durch eure Haut weichen, das verschmutzte Wasser durch euren Mund und durch eure Haut, durch eure hinteren und eure intimen Teile. Und alle diese Dinge werdet ihr mit euren Augen sehen und mit eurer Nase riechen und mit euren Händen befühlen können. Und wenn alle Sünden und Unreinheiten euren Körper verlassen haben, wird euer Blut so rein wie das Blut eurer Erdenmutter werden und wie das Schäumen des Flusses im Sonnenlicht. Und euer Atem wird so rein wie der Atem der duftenden Blumen werden, euer Fleisch so rein wie das Fleisch der Früchte, die unter dem Laub der Bäume reifen. Das Licht eurer Augen so klar und hell wie der Glanz der Sonne am blauen Himmel. Und jetzt werden die Engel der Erdenmutter euch dienen und euer Atem, euer Blut und euer Fleisch werden mit dem Atem, dem Blut und dem Fleisch der Erdenmutter eins sein, daß euer Geist auch mit dem Geist eures Himmelvaters eins werden kann. Denn wahrlich, niemand kann den Himmlischen Vater erreichen als durch die Erdenmutter.«

Aus all dem bisher Gesagten sollte klar geworden sein, daß die Fastenzeit eine ideale Zeit der Stille, der inneren Einkehr ist – eine Zeit des Gebets und der Meditation. Wenn Sie meditieren, werden Sie feststellen, daß Ihre Erfahrungen tiefer und intensiver werden, wobei es hoffentlich unnötig ist, Sie damit zu locken. Ein altes Sprichwort sagt: »Essen und Trinken hält Leib und Seele zusammen.« Vielleicht ist da die Erfahrung mit verarbeitet, daß Nicht-Essen eine Lösung der Seele vom Körper begünstigt – auch in einem positiven Sinne wie bei der Meditation. Vor dem Versuch, zu diesem Zwecke nicht zu trinken, muß ich allerdings sehr dringend warnen. Er führt relativ schnell zu einer dauerhaften Trennung von Körper und Seele (nämlich im Tode). Man kann sehr lange ohne Nahrung leben, aber nur sehr kurz ohne Flüssigkeit.

Falls Sie aber keinen Zugang zum Gebet haben und auch keine Erfahrung mit Meditation, macht es Ihnen vielleicht dennoch Freude, sich in einer entspannten, meditativen Atmosphäre mit esoterischen Gedanken und Themen anzufreunden. Sie könnten sich z.B. eine Kerze anzünden, ein Räucherstäbchen abbrennen und über die einfachen und klaren Gedanken eines Lieblingsschriftstellers oder eines bevorzugten Buches meditieren. Das heißt, Sie würden einfach lesen, aber nicht mit der Betonung auf möglichst reichlichem Informationsgewinn, sondern einmal versuchen, die Gedanken bis in ihre letzte Tiefe auszuloten, sie weniger mit dem Kopf als mit dem Herzen zu verstehen, sie richtig zu spüren. Natürlich empfehlen sich hier vor allem Gedanken, die in diese Stimmung passen. Also etwa Gedichte oder Märchen, alles, was in Bildern spricht und dadurch die eigenen inneren Bilder anregt. Kurze Geschichten, die zum Nacherleben und Träumen anregen und Sie in Ihre

Welt der Symbole und Bilder entführen. Falls Sie bei der Auswahl Schwierigkeiten haben, möchte ich Ihnen »Die Möwe Jonathan« von Richard Bach empfehlen, die Geschichte einer Möwe, die ihren Entwicklungsweg beschreibt. Dann vielleicht noch »Der Prophet« von Kahlil Gibran, eine Zusammenstellung von Gedanken über ein Leben in Harmonie mit sich und der Natur. »Der kleine Prinz« paßt hierher oder auch »Habakuk und Hibbelig – das Märchen von der Welt«. Falls Sie überhaupt Freude an Märchen haben, auch noch die Schriften von Manfred Kyber.

Möchten Sie aber »richtig« meditieren lernen, so bekommen Sie einen sehr guten Einstieg über das Büchlein von Siegfried Scharf: »Die Praxis der Herzensmeditation.« Hier finden Sie eine glückliche Vereinigung von östlicher Meditationspraxis und christlichen Inhalten. »Der Meditationsführer« von Margit Seitz ermöglicht Ihnen dagegen eine gute Orientierung über die verschiedensten Meditationsformen und hilft die individuell angemessenste herauszufinden.

Fastenkrisen – Reinigungskrisen

Auch die gibt es leider – oder eigentlich doch auch zum Glück. Typische Fastenkrisen treten meist nur bei längeren Kuren auf und auch da vor allem bei Kranken, die z. B. mit vielen Medikamenten oder anderen Giften belastet sind. Wie aus heiterem Himmel fühlt sich der Betroffene dann müde, zerschlagen, als ob er eine Grippe bekäme, manchmal auch niedergeschlagen. Gelegentlich flackern dann auch alte Krankheitsherde kurzzeitig und plötzlich wieder auf, man spürt, daß sich an solchen alten Schwachstellen wieder etwas tut, was zeigt, daß sie eben noch nicht ganz gesundet waren. Etwas Ähnliches erleben wir in der Homöopathie, wo die chronischen Krankheiten sich ja oft auch langsam durch all ihre Entstehungsphasen rückwärts entwickeln, um dann mit der ursprünglich ersten Erkrankung der langen Kette endgültig zu verschwinden. Während solcher Giftkrisen und abgeschwächt auch sonst kann es in seltenen Fällen sein, daß Sie das Gefühl haben, Ihre intellektuellen Leistungen (Verständnis, Konzentration und Merkfähigkeit) ließen etwas nach. Das geht aber auf alle Fälle sehr schnell wieder vorüber – wenn der Motor zeitweilig verschmutzten Treibstoff bekommt, läuft er eben nicht so rund wie sonst. Es handelt sich hier sehr wahrscheinlich um Ausscheidungskrisen, d. h. es gelangen größere Mengen der abgelagerten Gifte aus Binde- und Fettgewebe in den Kreislauf. Der Organismus benötigt eine besondere Anstrengung, um sie zu bewältigen. Sind diese Stoffe aber erst ausgeschieden, fühlt man sich schlagartig wieder gut, oft besser als zuvor. In solchen Situationen ist es wichtig, sich klarzumachen, daß es so etwas wie Heilungskrisen gibt, ähnlich wie bei der sogenannten »Erstverschlimmerung« der Homöopathie. In diesen Situationen hat es sich bewährt:

1. Besonders viel zu trinken, um die Ausscheidungen zu fördern.
2. Einen Einlauf zu machen, der allein schon oft das Stimmungsbarometer herumreißt.
3. Sich jetzt besonders Ruhe und Wärme zu gönnen, sich zu keinerlei Aktivitäten zu zwingen.
4. Sich ausnahmsweise ein Glas Buttermilch zu genehmigen, das ganz langsam Schluck für Schluck »gekaut« wird.

Auf keinen Fall die Kur in solch einer Zeit abbrechen! Während der Krisen kommt es meist zu einem Gewichtsstillstand und danach zu einem direkten – Sturz, was ja auch schon zeigt, daß hier ein Hindernis überwunden werden wollte. Bei Rheuma- und Gichtpatienten gelten besondere Regeln. Sie sollten wie ja alle chronisch oder ernst Erkrankten sowieso am besten in enger Zusammenarbeit mit einem Arzt fasten.

Weniger schwerwiegend ist ein vorübergehendes Nachlassen der Sehschärfe (der Augeninnendruck hat durch die Entwässerung etwas nachgelassen), was aber spätestens mit Ende der Kur schlagartig wieder verschwindet. Nur sollten Sie sicherheitshalber nicht Auto fahren, wie überhaupt während des Fastens – denn auch die Reaktionsfähigkeit kann zeitweise etwas vermindert sein.

Ein weiteres Problem können Stimmungsschwankungen darstellen, d. h. natürlich nur, wenn Sie eines daraus machen. Entsprechend den körperlichen Entgiftungsphasen kommt es auch – ich möchte fast sagen, zu einer psychischen Entgiftung. Melancholische Stimmungen können mit euphorischen wechseln. In den Träumen können sich Dinge zeigen, von denen Sie nie geglaubt hätten, daß sie in Ihnen stecken könnten. Das ist beim Fasten ganz natürlich, schauen Sie es sich an, lassen Sie es geschehen – wenn es heraus ist, kann es Sie viel weniger belasten als das Verborgene, das unter der Oberfläche trotzdem arbeitet. Nach dieser Zeit werden Sie merken, daß Sie ausgeglichener sind, weniger aggressiv – sensibler für Ihre Außen- und Innenwelt. Selbst wenn Sie tagelang von aggressiven Träumen geplagt werden, können Sie nach dieser Phase erleben, daß Sie trotz oder eigentlich besser gerade wegen dieser Träume ausgeglichener, ganz allgemein liebesfähiger sind.

Auch im sexuellen Bereich können sich gewisse Schwankungen einstellen. Die sexuellen Bedürfnisse können zeitweise verstärkt, aber auch abgeschwächt sein – auch hier wird sich nach der Kur eher eine Harmonisierung einstellen. Sexualverhalten und Eßverhalten liegen ja esoterisch betrachtet weitgehend auf derselben senkrechten Kette (Venus), und so kann eine Veränderung im einen Bereich auch den anderen mitbeeinflussen.

Deutliche Veränderungen sind auch bei der Periode möglich,

und zwar wie sooft beim Fasten in beide Richtungen der Polarität. Einerseits kann es passieren, daß die Blutungen früher als erwartet und besonders intensiv einsetzen. Wahrscheinlich nutzt der von Kopf bis Fuß auf Entgiftung eingestellte Organismus gleich die Gelegenheit, um Ballast loszuwerden. Andererseits ist es aber wohl aus der gleichen Logik möglich, daß die Periode, wenn sie nicht mehr in die Fastentage fiel, besonders lange auf sich warten läßt. Möglicherweise hat der Körper es mit der nächsten Entgiftungsaktion nun nicht mehr so eilig. Daß die Periode neben anderen Funktionen auch eine entgiftende hat, scheint mir sehr wahrscheinlich, eventuell liegt in dieser Funktion sogar die wirkliche Erklärung für die deutlich höhere Lebenserwartung der Frauen.

Durch regelmäßige, jährliche Fastenkuren wird eine »schwierige« Periode langfristig oft harmonisiert und unter den strengen zyklischen Charakter der Mondgöttin mit ihren 28 Tagen zurückkehren.

Als eine weitere Veränderung aus diesem Bereich könnte man noch die erhöhte Fruchtbarkeit nach Fastenkuren erwähnen. Ich habe schon mehrfach erlebt, daß Paare, die aus Erfahrung sicher waren, keine Kinder zu bekommen, nach dem Fasten eines »Besseren« belehrt wurden. Auch von einer anderen Beobachtung beim Fasten weiß ich nicht, ob ich sie anpreisen oder davor warnen soll. Bei sehr langen Fastenkuren (bisher noch nie unter 4 Wochen) kann es in seltenen Fällen zu einem Ausstoßen der Spirale kommen. Der Körper versucht eben, alles Fremde und Überflüssige loszuwerden, und da fällt manchmal dann auch die Spirale darunter. Allerdings ergab sich bei den drei betroffenen Patientinnen in Gesprächen, daß sie selbst eigentlich gar keine Empfängnisverhütung wollten, sondern lediglich »er«. »Ihn« und seine Interessen aber scheint der innere Arzt wohl zum Glück nicht mit einzuschließen.

Die Fastenzeit kann uns aber nicht nur mit den sogenannten Fastenkrisen konfrontieren, sondern ist oft auch eine wundervolle Möglichkeit, die großen Krisen des Lebens besser, d. h. bewußter zu bewältigen. Es fordert wie wenig andere Maßnahmen die Innenschau und ist so geeignet, den Sinn und die Be-Deutung der jeweiligen Krise offenzulegen.[1]

---

1 Dahlke, Ruediger, *Lebenskrisen als Entwicklungschancen*

Fasten-Tricks

Wie alles andere in dieser Welt haben auch Tricks ihre zwei Seiten, ja eigentlich gibt es sogar zwei Sorten von ihnen. Vordergründig könnte man sie in die »guten«, die das Fasten fördern, und die »bösen«, die es verhindern, unterteilen. Diese Einteilung geht allerdings, wie wohl jede dieser Art, ziemlich an der Wirklichkeit vorbei, und ich möchte mich hier lieber auf die Unterscheidung zwischen bewußten und unbewußten Tricks verlegen.

Zu den ersten gehört etwa das ansteigende Fußbad bei Einschlafschwierigkeiten – damit überlisten wir sozusagen unseren überaktiven Kopf, indem wir ihm das Blut entziehen. Ähnliches geschieht, wenn wir gegen die Hungergefühle der ersten Tage antrinken. Das ist ein typisch »guter« Trick, auch wenn er meist nicht besonders lange wirkt. Wir machen unserem rebellierenden Magen dabei vor, daß doch alles in Ordnung sei und er ja schließlich randvoll – wenn auch nur mit Wasser. Daß die Wirkung so schnell »den Bach hinunterschwimmt«, schadet ja nichts, da wir unbegrenzt trinken können, ja sogar sollen. Auch der Einlauf ist letztlich solch ein bewußter Trick und auch der Teelöffel Honig.

Mit ihm kommen wir allerdings schon in die Nähe der »unbewußten«, bzw. halbbewußten Tricks. Wie schon beschrieben, sollte es eben gerade ein Teelöffel Honig sein und alles, was darüber hinausgeht, wird ein Streich, den wir uns selbst spielen.

Tatsächlich ist es nicht möglich, Ihren Arzt oder mich als Ihren Fastenbegleiter zu beschwindeln. Das werden Sie merken, wenn Sie die unbewußten Tricks in bewußte umwandeln; dann werden Sie nämlich erkennen, daß all die un- und halbbewußten Streiche und kleinen Sünden sich letztlich gegen Sie selbst richten. Deshalb sollten Sie sie auch bewußt machen! Diesen Satz können Sie natürlich auf zweifache Art verstehen, und beide Versionen sind in Ordnung. Streiche machen nur Spaß, wenn sie unbewußt gemacht werden, jedenfalls was die Folgen anbelangt. Wenn Sie jetzt weiterlesen, riskieren Sie die Lust an Ihren kleinen Schwindeleien, denn ich werde die wichtigsten durchleuchten und damit die Folgen bewußt machen. Als Spaßverderber setze ich dabei ganz auf Ihre Neugierde, die Sie durchaus weitertreiben könnte, weil sie aus der gleichen starken Quelle gespeist wird wie der große Trickser, nämlich aus dem Ego.

Den übertriebenen Honiggenuß hatten wir ja früher schon als Garant für neuerliches Hungergefühl entlarvt. Honig gelangt sehr schnell ins Blut, was zu einer übermäßigen Insulinausschüttung führt, um die große Glucosemenge schnell zu bewältigen. Da der Körper auf solch einen rapiden Anstieg des Blutzuckers nicht eingestellt ist, reagiert er zu heftig, schüttet zuviel Insulin aus, und eh wir uns versehen, haben wir eine »Unterzuckersituation« im Blut und damit Hunger. Das ist übrigens auch die Erklärung für die aller Werbung widersprechende Erfahrung, daß Süßigkeiten nur sehr kurzfristig Energie geben und langfristig schlappmachen.

Ein anderer »böser« Trick ist das Kaugummikauen gegen den Hunger. Hierbei läuft uns das Wasser nämlich nicht nur im Munde zusammen, sondern auch im ganzen Darm. Außerdem arbeitet nun die Intelligenz des Körpers gegen uns, denn das Kauen ist eine Information, die über Nervenbahnen weiter zum Magen geleitet wird und etwa folgendermaßen lautet: »Achtung, Achtung, oben wird bereits gekaut – fertigmachen zur Arbeit!« Das ansonsten sinnvolle Ergebnis richtet sich jetzt völlig gegen uns und bewirkt erst recht den Hunger, den wir mit dem Kaugummi eigentlich lindern wollten.

Ganz ähnliches gilt für das Kaffeetrinken. Ganz abgesehen davon, daß Koffein ein Kreislaufgift ist und nicht in eine Fastenkur gehört, bewirken die Röststoffe eine starke Säftesekretion und damit Hunger. Dieser Effekt tritt mehr oder weniger stark immer dann auf, wenn uns das Wasser im Munde zusammenläuft, denn dieses Phänomen beschränkt sich eben nicht auf den Mund. Folglich empfiehlt es sich nicht, vor Bäckereien verweilend, den Geruch von frischem Brot zu genießen. Das lindert das Hungergefühl nämlich nicht, sondern regt es im Gegenteil an. Auch schon intensives Denken ans Essen kann diesen Effekt haben. Allerdings liegt hierin auch wieder die Chance, den Spieß umzudrehen und bewußt zu »schwindeln«. Wenn Sie etwa schon länger meditieren oder eine Technik haben, selbst in Trance zu gehen, können Sie sich ganz bewußt auf diesen tiefen Ebenen des Bewußtseins sattessen mit der Betonung auf satt. Dieser kleine bewußte »Schwindel« kann Sie ganz wirksam von allen Hungergefühlen erlösen; allerdings gäbe es viel sinnvollere Dinge, die Sie auf diesen Ebenen erleben könnten. Wann immer Sie solche Dinge machen, sollten Sie sich über ihren Charakter bewußt sein, es sind eben nur Tricks. Wenn Sie keinen Zugang dazu haben, brauchen Sie wirklich nicht traurig zu sein, im Gegenteil: Sie haben dann die Entdeckung dieser eigenen inneren Ebenen noch vor sich, und das Fasten ist eine ideale Zeit dafür.

Physiologie des Fastens

Nun möchte ich noch einige medizinische Dinge besprechen: Körper- und Organfunktionen beim Fasten – Dinge, die Sie nicht wissen müssen –, im Prinzip reicht es völlig, wenn Sie von dem Bild des Großputzes ausgehen und sich bei etwaigen Unregelmäßigkeiten klarmachen, daß jetzt eben gerade Abfall verbrannt wird und Sie froh darüber sein sollten. Sie können dieses Kapitel also ruhig auslassen. Wichtig ist nur, daß Sie den Honig tatsächlich in den Tee tun – sind Sie ein Mensch, der für alles Erklärungen braucht, dann lesen Sie lieber weiter – damit der Honig dann auch wirklich drin ist.

Energieversorgung

Zu Beginn des Fastens verfügt der Organismus noch über einige Kohlenhydrat-Reserven, z. B. in Form des Leber-Glykogens. Wenn diese verbraucht sind, was spätestens am dritten Tag der Fall ist, muß er sich auf Eigenversorgung umstellen, d. h. er bekommt jetzt nur noch Fett und Eiweiß – spätestens hier wird auch der strengste Vegetarier zum Fleischfresser, ja zum Kannibalen (an sich selbst natürlich). Nun spricht einiges dafür, daß die Energiegewinnung mit einer unglaublichen, dem Organismus innewohnenden Intelligenz vor sich geht. Es wird nicht irgendwo einfach Muskeleiweiß abgebaut, sondern offensichtlich zuerst all jene zahlreichen krankhaften Ablagerungen und Ausschwitzungen. Das heißt, zuerst kommt das am wenigsten Wichtige dran, und das ist sicher alles Kranke, danach kommt das Überschüssige (Fett), dann weniger Wichtiges, und erst nach sehr langer Zeit beginnt der Organismus, auch wichtigere Strukturen abzubauen. Für dieses Vorgehen spricht die Erfahrung, daß alte Krankheitsschauplätze auf den Reiz des Fastens ansprechen und so alte Herde wieder aufflackern können. Offensichtlich werden hier Krankheitsstoffe, die im Bindegewebe abgelagert wurden, mobilisiert. Von der Pharmakologie wissen wir heute, daß sehr viel Giftstoffe, auch Medikamente und ihre Abbauprodukte im Fettgewebe gespeichert werden, wenn sie nicht gleich ausgeschieden werden können. Sensible Fastende können diese Stoffe sogar manchmal wieder identifizieren, wenn sie durch den Fettabbau in den Kreislauf gelangen.

Zuerst greift der Organismus also auf die kurzfristig angelegten Kohlenhydratspeicher zurück, dann wendet er sich den krankhaften Eiweißablagerungen zu und danach vor allem dem Fettgewebe, von dem er praktisch während der ganzen Fastenzeit lebt – und er kann ganz gut davon leben. Nur das Gehirn ist auf Glukose, also Kohlenhydrat angewiesen, welches aus Eiweiß gewonnen werden kann, nicht aber aus Fett[1], so daß bei

---

1 Möglicherweise ist das aber sogar doch möglich, wie eine neuere Untersuchung vermuten läßt, so daß also die Versorgung ausschließlich aus gespeichertem Fett erfolgen könnte.

längerem Fasten auch in sehr geringem Umfang Eiweiß verbrannt werden muß. Eine gewisse Entlastung bringen hier der Honig und die geringen Kohlenhydratmengen im Saft.

Die grundlegend heilende Wirkung des Fastens bei verschiedensten Krankheiten basiert wahrscheinlich auf der durch die Stoffwechselsituation erzwungenen Entschlackung des Bindegewebes, jenes Gewebes, das praktisch bis in alle Bereiche des Körpers reicht und wohl die erste und wichtigste Regulationsinstanz des Organismus darstellt (vgl. Pischingers Arbeiten über das Grundsystem). Auch andere Therapien, die eine Entrümpelung des Bindegewebes anstreben, wie Massagen, Überwärmungsbäder und auch Eigenblutinjektionen, führen ja kurzfristig zu ähnlichen Reaktionen, wie sie beim Fasten vorkommen, etwa reaktiver Müdigkeit und Abgeschlagenheit.

Auch die verschiedenen **Organsysteme** unterliegen gewissen Veränderungen. So stellt sich der Darm nun vollkommen von Resorption auf Ausscheidung um. Buchinger spricht von einer starken Sekretion durch die Darmwand. Solange Sie fasten, entgiftet der Darm. Auch nach 4 Fastenwochen werden noch alte Kotreste, manchmal sogar richtige Kotsteine, abgeschilferte Darmwand- und Gallenblasenzellen sowie Toxine ausgeschieden. Die Bewegungstätigkeit geht in etwa weiter, die Sekrete allerdings nehmen deutlich ab.

Die Arbeit der Bauchspeicheldrüse wird eingeschränkt, wobei sie allerdings weiter Verdauungssäfte produziert. – Dagegen haben die Inselzellen, die das für den Kohlenhydratstoffwechsel wichtige Insulin produzieren, absolute Schonzeit. Buchinger glaubt sogar, eine dadurch bedingte Größenabnahme der ganzen Drüse beobachtet zu haben. Die Leber hat nach dem anfänglichen Glykogenverbrauch vor allem mit dem Fettabbau zu tun, auch kommt ihr eine wesentliche Entgiftungsaufgabe zu. Mit der Leberpackung unterstützen wir sie und regen ihre Funktion an. Obwohl also die Leber während des Fastens eher verstärkt weiter arbeitet, hat es doch auch auf sie eine ausgesprochen regenerierende Wirkung – Fasten ist z. B. die beste Therapie für eine alkoholgeschädigte Fettleber. Trotz der erheblichen Weiterarbeit wird auch die Leber während des Fastens etwas kleiner. Wahrscheinlich im selben Rahmen, wie alle Gewebe sich straffen und festigen, was sich übrigens besonders deutlich und vorteilhaft auf die Haut auswirkt. Während sie anfangs verstärkt als Ausscheidungsorgan dient (hier denke man besonders an die Förderung der Darm- und Nierenausscheidung, um die unangenehmere Hautausscheidung in Grenzen zu halten), wird sie nach dem Fasten reiner und straffer erscheinen. Eine Fastenkur gehört sicher zu den effektivsten kosmetischen Maßnahmen, was ja nicht sehr erstaunlich ist: Eine Reinigung von innen heraus, die an den Wurzeln angreift, ist natürlich wirksamer als eine Oberflächenbehandlung. Auch die Nieren arbeiten kräftig weiter und sollen es auch, kommt ihnen doch eine ganz entscheidende Entgiftungsfunktion zu, was man manchmal auch deutlich riechen kann. Besonders, wenn Sie bemerken, daß der Urin unangenehm zu riechen beginnt, dick oder milchig wird, trinken Sie besonders viel, sogar vielleicht mehr als Ihr Durst erfordert (unterste Grenze 1 1/2 Liter). Es ist ein großer und oft folgenschwerer Irrtum, zu glauben, man entlaste die Nieren, wenn man wenig trinkt, ganz im Gegenteil: je weniger man trinkt, desto höher muß die Niere den Urin konzentrieren, d. h. um so weniger Flüssigkeit hat sie zum Ausscheiden der Abfallprodukte zur Verfügung. Auf einer bestimmten unteren Grenze schafft sie es gar nicht mehr, alles auszuscheiden und lagert den Abfall wieder in ihrem eigenen und im Bindegewebe des Körper ab.

Im Blut gehen einige wichtige Veränderungen vor sich. Es kommt durch die starke Entwässerung in den ersten Tagen zu einer gewissen Eindickung und Volumenabnahme (was einen erhöhten Blutdruck sehr schnell zur Norm zurückbringen kann). Diese Entwässerung ist erwünscht und kommt durch den Kochsalzentzug zustande, der zu einer allgemeinen Entquellung der Gewebe führt. Das Blut wird auch etwas saurer während der ersten Woche. Mit dem Rückgang dieser erhöhten Azidität tritt meist eine deutliche Besserung im subjektiven Befinden ein. Aufgrund der starken Zellmauserung, d. h. des erhöhten Abbaus alter und geschädigter Zellen, steigen auch Harnsäure und Harnstoff (Abfallprodukte des Eiweißstoffwechsels) an. Da die Harnsäure mit Glukose zur Ausscheidung gebracht werden kann, kommt dem täglichen Honigtee erhöhte Bedeutung zu.

In bezug auf hohen Blutdruck ist zu sagen, daß Fasten hier die beste Therapie darstellt und mit einer über das Fasten hinaus fortgeführten Kochsalzreduzierung einen echten Umschwung bringen kann. Für die Normo- oder sogar Hypotoniker (oberer Blutdruckwert unter 100) wird das Fasten oft eher zu einer Last, wobei allerdings Buchinger in vielen Fällen auch eine Normalisierung des niedrigen Druckes erlebt hat. In solchen Fällen ist Bewegung sehr wichtig, aber auch – zumindest anfangs – unangenehm. Beginnen Sie deshalb ganz langsam. Ansonsten können alle die bei »Kreislaufanregung« und »morgendlichem Schwindel« besprochenen Maßnahmen wie Kneippen, Bürstungen, Ginseng- und Schwarztee mit Honig usw. helfen.

Interessant ist noch eine deutliche zahlenmäßige Abnahme der weißen Blutkörperchen, bei sogar noch erhöhter Abwehrbereitschaft des Organismus sowohl gegenüber Bakterien als auch Viren. Die weißen Blutkörperchen nehmen mit zunehmendem Streß zu. Vielleicht ist ihre Abnahme beim Fasten Ausdruck der körperlichen und seelischen Abschirmung gegen Streß. Hierfür würde auch sprechen, daß sie auch durch regelmäßig durchgeführte Entspannungsmethoden wie Meditationen gesenkt werden können.

Zusätzliche naturheilkundliche Behandlungsmöglichkeiten

Das Fasten ist an sich die Behandlung und eine sehr wirkungsvolle obendrein. Deshalb ist es im allgemeinen nicht nötig, zusätzlich zu behandeln. Doch gibt es einige Möglichkeiten der naturheilkundlichen Medizin, das Fasten noch zu unterstützen, bzw. die Ergebnisse und Erfahrungen zu intensivieren. Alle geeigneten Therapieformen gehören in die Gruppe der Reiztherapien, wie ja das Fasten selbst. In diesem Wort zeigt sich bereits eine gewisse Gefahr, nämlich das Ganze zu überreizen. So ist hier einige Vorsicht geboten: weniger ist oft mehr. Das Fasten ist und bleibt sowieso die Hauptsache.

Im Zentrum der medizinischen Behandlung von Fastenden sollte nach meiner Überzeugung die Homöopathie stehen, jenes von Hahnemann erkannte Therapieprinzip, Ähnliches mit Ähnlichem zu kurieren. So kann das richtige homöopathische Mittel, das Simile, den Ablauf der Kur von vornherein entscheidend lenken, wenn es gelingt, das passende Konstitutionsmittel zu finden. Z. B. bei ausgeprägter lymphatischer Konstitution, bei jenen Menschen also, die schon seit frühester Kindheit mit Infektionen nicht recht fertig wurden, deren minderwertiges Bindegewebe sie pastös und aufgedunsen erscheinen läßt, kommt der homöopathischen Behandlung eine entscheidende Bedeutung zu, da sonst die Umstimmung und das Abnehmen nur äußerst mühsam vor sich gehen. Andererseits erleichtert und fördert auch das Fasten die Wirkung des Simile – der fastende Organismus ist ja besonders sensibel und empfänglich für alle Reize, und so kann das Simile seine Wirkung mit größerer Kraft entfalten. Buchinger, unser Altmeister des Fastens und natürlich auch homöopathischer Arzt, betont, daß therapieresistente, chronische Krankheitsfälle durch zwischengeschaltete Fastenkuren oft der Therapie wieder zugänglich werden. Bei Behandlung der bereits oben erwähnten Fastenkrisen ist das homöopathische Mittel allen anderen weit überlegen, denn wenn es doch einmal zu therapiebedürftigen Organmanifestationen kommt, bietet es die Möglichkeit zu therapieren, ohne gleich wieder Gift zuzuführen – arbeitet es doch auf derselben Leitschiene wie das Fasten selbst.

Es ist nicht einmal unwahrscheinlich, daß der heilenden Wirkung des Fastens bei verschiedensten chronischen Erkrankungen zu einem guten Teil eine Homöo-Therapie oder zumindest doch eine Iso-Therapie zugrunde liegt. Immerhin wäre es denkbar, daß die gelösten Schlackenstoffe und Toxine, die nun neuerdings wieder in den Stoffwechsel eingeschleust werden, als Reizstoffe wirken, und sicherlich sind sie auch genau die Stoffe, an denen der betroffene Organismus erkrankte. Folglich würde hier ein »innerer Homöopath« mit deutlicher Überlegenheit ans Werk gehen. Da diese Stoffe aber doch recht konzentriert, also sicher nicht potenziert, wirken – man könnte sagen, als Urtinkturen auftreten, ließe sich auch die manchmal sehr deutlich auftretende Erstverschlimmerung – die Fastenreaktion – zwanglos erklären.[1] Auch würde unter diesem Gesichtspunkt klarer, warum so viele, ganz verschiedene Krankheiten durch Fasten geheilt oder doch zumindest günstig beeinflußt werden können. Der »innere Arzt« wäre wohl in der Lage, für jedes bestehende Symptom das passende Simile aus »seiner Apotheke«, dem Bindegewebe, herauszugeben und sicher nicht bloß für die bereits manifest gewordenen Krankheiten, sondern wohl genauso für die sich erst abzeichnenden zukünftigen Symptome. Damit würde dann auch die von Fastenärzten beobachtete krankheitsvorbeugende Wirkung des Fastens verständlicher. Eine gewisse Unterstützung dieser Theorie erwächst uns noch aus der Irisdiagnose. Von den Augendiagnostikern werden ja bestimmte Pigmente und Ablagerungen im Bindegewebe der Iris mit ganz bestimmten Erkrankungen oder bei Erbgiften mit Krankheitsanlagen in Zusammenhang gebracht. Irisdiagnostiker wie Schimmel und Herget haben nun Systeme von Mitteln (homöopathische Komplexe) zusammengestellt, mit deren Hilfe es ihnen gelingt, die Vergiftungsphasen in einer bestimmten Reihenfolge (entsprechend der Bedeutung des Toxins) wieder rückgängig zu machen und so auch einen Teil der Pigmente im Auge zum Verschwinden zu bringen. Für uns ist nun interessant, daß auch bei einer ganz normalen Fastenkur ohne jede medikamentöse Unterstützung die Iris klarer wird, Pigmentablagerungen

1 In diesem Zusammenhang ist es durchaus sinnvoll, diese Schlackenstoffe auch in potenzierter Form, z. B. als potenziertes Eigenblut, zu verabreichen.

schwächer werden oder ganz verschwinden. Wahrscheinlich geschieht hier doch etwas ganz Ähnliches, nur könnte man annehmen, daß der »innere Arzt« die Reihenfolge der Entgiftung sogar noch besser findet und daß er wahrscheinlich auch noch gründlicher arbeitet. Auch hier zeigt sich wieder, wie sinnvoll es ist, mit ihm zusammenzuarbeiten, auf körperlicher wie auch auf seelischer Ebene. Auch das Therapieren auf der Bilderebene und seine Wirkungen sind wohl nur mit homöopathischem Denken befriedigend zu erklären. Wir versuchen ja gerade nicht, Probleme zu bekämpfen oder zu vermeiden, sondern schauen sie vielmehr gerade an. »Similia similibus curentur« – Ähnliches möge Ähnliches heilen.

Die anderen Hilfsmethoden scheinen mir theoretisch und praktisch viel weniger wesentlich, wenn auch einzelne im individuellen Fall sehr hilfreich sein können. – Als nächstes möchte ich die Nasenreflexzonentherapie kurz erwähnen.

Denn auch auf den Nasenmuscheln liegen Reflexzonen für verschiedene Organe und Drüsen, und wir können von hier aus eine allgemeine Anregung und Stimulierung erreichen durch die vorsichtige Massage der Nasengänge mittels eines watteumhüllten Stäbchens. Vielleicht liegt hier auch die geheime Erklärung für die weitverbreitete Volksvariante mit dem Zeigefinger. Das differenzierte Vorgehen mit dem Stäbchen sollte erfahrenen Therapeuten vorbehalten bleiben.

Diese Methode hat ihren Wert, wobei sie allerdings auch recht unangenehm sein kann. Wenn sie gut vertragen wird, ist sie eine lohnende Ergänzung. Einen ähnlichen Effekt wie die Massage der Nasenmuscheln haben offensichtlich die anderen

Reflexzonenmassagen wie die Fußsohlenmassage[1], die Rükkenmassage entlang der Wirbelsäule, wohl auch die Akupressur. Auch die Ohrakupunktur wirkt wohl über ähnliche Wege. Mit ihrer Hilfe kann man auch den Einstieg in das Fasten, den Nahrungsentzug in den ersten drei Tagen, ganz gut erleichtern – bezeichnenderweise mit dem »Suchtprogramm«. Allerdings sollte man sich bei so einer Maßnahme klarmachen, daß ein Bewußtseinsschritt ebenso oder eher noch wirksamer ist und jedenfalls immer sinnvoller.

Beschwerden am Bewegungsapparat aufgrund statischer Veränderungen durch den Gewichtsverlust lassen sich ganz gut mit chiro- oder neuraltherapeutischen Maßnahmen behandeln. Die neuraltherapeutische Ausschaltung von Störfeldern wie Narben kann darüber hinaus in einzelnen Fällen sinnvoll sein, ebenso wie das Abfangen von Schmerzschüben bei rheumatischer Grunderkrankung.

---

1 Diese Methode ist in ihrer reinen Form und richtig durchgeführt ebenso wirksam wie schmerzhaft. Durch das Kreislaufgerät (A13) läßt sie sich aber sehr angenehm gestalten.

Wie lange sollte gefastet werden?

Diese wichtige Frage haben wir bisher ausgelassen, und sie läßt sich auch nicht verbindlich klären. Beginnen sollte man mit wenigstens einer Woche. Kürzere Perioden sind jedenfalls für den Beginn ungeeignet. Beim Gesunden würde ich für den Anfang diese eine Woche und bei Lust und Laune noch eine weitere empfehlen. Natürlich können und sollen Übergewichtige auch bis zum Idealgewicht fasten, nur sollte das bei erheblichem Ausmaß in Etappen geschehen, da es sonst verschiedene Probleme gibt. So müssen sich die Gelenke erst allmählich wieder an die, wenn auch gesündere, aber doch ungewohnte Statik gewöhnen. Die Haut braucht ebenfalls Zeit, um sich dem neuen, geringeren Inhalt anzupassen. Hier bekommen dann Gymnastik und Bewegung im allgemeinen eine sehr große Bedeutung. Natürlich gibt es auch Berichte von wesentlich längeren Fastenperioden, vielfach werden auch bestimmte Zeichen erwähnt, die zeigen sollen, daß aller Schmutz herausgefastet ist, etwa das Wieder-sauber-Werden der Zunge, der wieder reine Atem oder das fast klar zurückfließende Einlaufwasser. Bei solchen verlängerten Kuren sollte nie auf die Mitarbeit eines Arztes verzichtet werden. Auch sind solche »ausgefasteten« Zustände in der Praxis wohl sehr schwer zu erreichen. Aus persönlicher Erfahrung muß ich bekennen, daß auch nach 40 Tagen noch nicht alle 3 Kriterien erfüllt waren. Buchinger hat in circa 30 Jahren Fastenpraxis keinen solchen Zustand erlebt. Das soll natürlich nicht heißen, daß es unmöglich ist – nur sollte man seinen eigenen Ehrgeiz kritisch betrachten und nicht etwas zu erzwingen suchen, für das man noch nicht reif ist. Wenn hier oft das Essener-Evangelium zitiert wird, so nicht zu dem Zweck, Sie anzuregen, dasselbe mit anderen oder doch weniger Mitteln zu erreichen – die Essener haben ja nicht nur gefastet, sondern auch eine Reihe anderer Dinge *getan und* gelassen, und sie haben nicht zuletzt gebetet. Jesus zu den Essenern: »Wahrlich, ich sage euch, groß und vielfältig sind eure Sünden. Viele Jahre habt ihr den Verlockungen des Satans nachgegeben. Ihr wart gefräßig, versoffen, habt gehurt, und eure alten Schulden vervielfältigten sich. Und nun müßt ihr sie zurückbezahlen, und die Zahlung ist schwierig und hart. Seid darum nicht schon nach dem dritten Tage ungeduldig wie der verlorene Sohn, sondern geduldig zum 7. Tag, der von Gott geheiligt ist, und geht dann mit demütigem und gehorsamem Herz vor das Antlitz eures Himmlischen Vaters, daß er euch all eure alten Schulden vergibt. Wahrlich, ich sage euch, euer Himmlischer Vater liebt euch ohne Ende, denn er erlaubt euch, in 7 Tagen eure Schulden von 7 Jahren zurückzuzahlen. Jenen, die für 7 Jahre Sünden und Krankheit schulden, aber ehrlich bezahlen und bis zum 7. Tag durchhalten, wird unser Himmelsvater die Schulden aller 7 Jahre vergeben.«

Die günstigste Länge einer sinnvollen Fastenkur ist nur individuell zu bestimmen – es gibt ja keine zwei gleichen

Verläufe. Und natürlich hängt alles sehr weitgehend von der zugrundeliegenden Motivation ab. Ist der eigentliche Grund für das Fasten ein körperliches Problem, also etwa eine chronische Stirnhöhlenentzündung, so wird man am besten so lange fasten, bis das Problem spürbar überwunden ist. Aber auch das wird nicht immer möglich sein, und man muß vielleicht später noch einmal oder sogar öfters zur selben Problematik zurück. Liegt der Grund mehr in Richtung Selbsterfahrung und Bewußtseinserweiterung, ist die Frage nach der Dauer noch offener. Verfolgt man parallel zur Fastenkur noch ein entsprechendes Begleitprogramm, wie ich es im nächsten Kapitel skizzieren will, kann es schon von Anfang an tiefgreifende Erlebnisse mit sich selbst geben. Ansonsten beginnen die charakteristischen Fastenerfahrungen, also etwa das typische Leichterwerden nach erfolgter Umstellung, spätestens nach dem dritten Tag. Nach der ersten Fastenkrise um den 7. Tag, geht es meist noch einmal spürbar in ein tieferes Stadium, was sich in den Meditationen auch angenehm auswirken kann. Nach überwundener zweiter Fastenkrise um den 14. Tag und der dritten um den 21. kann es noch einmal eine Stufe hinabgehen in tiefere Bereiche der eigenen Seele, tiefere Problemschichten und damit wohl auch tiefer sitzende körperliche Knoten. Oft hat man nach solchen Krisen im wahrsten Sinne des Wortes das Gefühl, der Knoten sei geplatzt. Für die astrologisch Versierten mag interessant sein, daß die Fastenkrisen dem Mondrhythmus folgen: Am 7. Tag steht der Mond im Quadrat zu seiner Ausgangsstellung, am 14. in Opposition, am 21. wieder im Quadrat und schließlich am 28. in Konjunktion. Und am 28. gibt es auch tatsächlich kein Problem. Übrigens sind diese Krisenpunkte unverdächtigerweise von astrologisch ganz uninteressierten, normalen Ärzten gefunden worden.

Aus der Tatsache, daß Fasten dem Rhythmus des weiblichen Hauptgestirns folgt, kann man schließen, daß es ein archetypisch eher weiblicher Vorgang ist, und dafür gibt es auch einige andere Hinweise. So ist das ganze Erscheinungsbild des Fastenden nach innen gekehrt, eher passiv als aktiv. Er neigt deutlich zum Nachgeben, anstatt zum Angriff. Sein Hauptinteresse zieht sich zurück von der Welt auf sich selbst. Schönheit und Harmonie werden ihm wichtiger als Ehrgeiz und Macht.

Er wird, vor allem in seinem sexuellen Ausdruck, zärtlicher und weicher und weniger aggressiv, Äußerlichkeiten werden unwichtiger, und Gefühle treten offener hervor. Die Lust an Rivalität und Autoritätskämpfen kann zeitweilig zurücktreten zugunsten von häuslicher Friedfertigkeit und Gemütlichkeit.

All das kann allerdings in den ersten »Hungertagen« deutlich anders sein. Diese Beobachtungen gehen von einer längeren Fastenzeit unter günstigen Bedingungen aus. Wenn dem so ist und das Fasten eine weibliche Methode ist, die auch die weibliche Seite des Fastenden hervorkehrt, wäre das noch ein weiterer Grund, ihr in unserer kämpferischen Zeit, die im Übermaß von den männlichen Sonnengöttern regiert wird, einen entsprechenden Platz einzuräumen und damit die Rückkehr zum Gleichgewicht zwischen Sonne und Mond zu fördern.

Das soll nun aber auf keinen Fall heißen, daß Fasten eine Methode hauptsächlich für Frauen sei. Es geht ja gerade auch für Männer auf dem Weg der Bewußtwerdung darum, den Mut und die Stärke zu finden, zu ihrer Schwäche zu stehen – Fasten ist solch eine Möglichkeit.

Eine Frage, die eng mit dem »Wie lange« zu tun hat, ist das »Wie oft«. Fasten ist ja eine Reiztherapie, und folglich kann man es damit auch überreizen. Keinesfalls sollte man sooft wie möglich fasten! Es hat eben nichts mit Ehrgeiz zu tun, ganz im Gegenteil, wie wir bei der Betrachtung der Mondsymbolik sahen. Ich persönlich faste zweimal im Jahr, im Frühjahr und im Herbst, und einen ähnlichen Rhythmus würde ich ziemlich unabhängig von der Länge des Fastens auch empfehlen. Tatsächlich scheint die Wirkung einer Kur auch ca. ein halbes Jahr anzuhalten.

Ausnahmen von dieser Regel sind Fastenkuren bei schwereren Krankheiten, deren Länge und Häufigkeit aber sowieso mit dem begleitenden Arzt geklärt werden sollten. Eine andere Ausnahme bildet noch jene scheinbar paradoxe Situation, wo man fastet, um Gewicht zuzunehmen. Hier empfehlen sich viele sehr kurze Fastenperioden im Wechsel mit bewußten Eßphasen. Allerdings läßt sich eine Gewichtszunahme auch so nicht erzwingen. Da Fasten aber zu einer Harmonisierung des gesamten körper-seelischen Gefüges führt, kann es durchaus sein, daß das individuelle Idealgewicht über dem Ausgangsgewicht liegt, und dann wird man durch diese kurzen Fastenrhythmen zunehmen. Mit anderen Worten, man hilft dem eigenen Körper zu seinem persönlichen Idealgewicht zu finden, das sich ja nicht nach Versicherungsstatistiken richtet und sich folglich auch nicht mit Formeln berechnen läßt. Umgekehrt wird man bei überhöhtem Ausgangsgewicht abnehmen in Richtung individuellen Idealgewichts. Das klingt natürlich viel plausibler, ist es aber gar nicht. Es kommt uns lediglich so vor, weil wir sosehr in unserer materiellen Vorstellungswelt gefangen sind. Das entscheidende ist in beiden Situationen das Bewußtsein.

Fasten als Weg zur Selbsterkenntnis

Zum Abschluß, bevor wir uns der Aufbauzeit widmen, möchte ich noch eine ideale Fastenzeit beschreiben, so wie ich sie meinen Patienten wünsche und auch zu ermöglichen suche.

Einiges von dem Folgenden entstammt dem Konzept, das ich für meine Psychotherapiepatienten zusammengestellt habe, und tatsächlich haben Psychotherapie und Fasten als Selbsterkenntnisweg viele Gemeinsamkeiten. Die wichtigste Voraussetzung für solch eine Zeit ist die Zeit selbst. Im Idealfall haben Sie sie ganz frei für sich und unterliegen keinerlei äußeren Zwängen. Zwei Wochen sind natürlich besser als eine, aber auch eine – wenn sie Ihnen ganz gehört – kann viel sein. Ein zusätzlicher Vorteil ist, wenn Sie sich an einen ruhigen, vielleicht auch landschaftlich schönen Ort mit den wenigen notwendigen Utensilien zurückziehen können. Nachdem Sie sich dann mit einem Apfel (oder einem vergleichbaren Obst) von der alten (Essens-)-Zeit verabschiedet haben, machen Sie sich am besten einen groben Plan, so daß Ihnen später nichts fehlt. Für diese Zeit der inneren Einkehr, des Sich-zurück-Besinnens auf sich selbst, sollten alle Planungen vermieden werden, die Sie von sich selbst ablenken oder den Intellekt einseitig stimulieren. Der hat natürlich auch sein Recht und seinen Platz, aber der sollte nicht hier und nicht jetzt sein. Das Ziel bestünde vielmehr darin, mit alten Gewohnheiten zu brechen und Raum und Zeit für Neues zu schaffen. Neues, das aus Ihnen kommen soll, braucht anfangs eine Menge Fürsorge, so breit und gewaltig sind die Trampelpfade des Alten. Was immer Sie tun, sollte direkt mit Ihnen selbst zu tun haben, sich um Sie drehen. Ich empfehle als Grundgerüst, um das Sie das Fleisch nach Belieben wählen können, gern mein Buch »Mandalas der Welt«[1], das ich gerade für so einen Zweck gemacht habe, und verschiedene Meditationskassetten. Das Mandala-Buch deshalb, weil es gar kein Buch zum Lesen ist, sondern vielmehr eines zum Selbermachen. Malend und meditierend kreisen Sie ständig um die Mitte der Mandalas und damit auch um Ihre eigene. Im Malen liegt viel mehr Reiz, als Sie vielleicht anfangs glauben, und vor allem paßt es wunderbar in diese Zeit; auch die anderen Übungen des Buches fügen sich sehr gut in die Fastenzeit und führen allein schon einen weiten Weg. So kleine einfache Handarbeiten machen wir ja heute kaum noch, und das ist schade, weil in ihnen große Chancen liegen. Nicht umsonst heißt eine alte Mönchsregel: »Ora et labora!« Gebet und Arbeit – im Mittelalter hieß das selbstverständlich Handarbeit – waren schon immer Sprungbretter auf dem spirituellen Weg. Gerade einfache Handarbeit zwingt uns ja, ganz da, ganz wach zu sein, denn sonst geht's daneben. Andererseits ist sie aber intellektuell nicht so anspruchsvoll, daß sie den Geist in komplizierte Gedankengebäude verheddert. Es sind das genau die gleichen Maßstäbe, die Zen-Meister an jene handwerklichen Aufgaben

1 Dahlke, Ruediger, *Mandalas der Welt*

legen, die sie ihren Meditationsschülern auftragen. So betrachtet, kann das Mandala-Buch zu Ihrem individuellen Meditationskurs werden, und am Ende der farbigen Reise bleibt ein fertiges Buch übrig, vielleicht Ihr erstes.

Die Meditationskassetten können ihrerseits auch einen weiten Weg führen, der letztlich sogar ähnlich ist, wenn er auch ganz andere Stufen benutzt. Grundsätzlich ist diese Art der Meditation nur eine von vielen Möglichkeiten, und wenn Sie bereits eine Technik haben, in der Sie sich zu Hause fühlen, bleiben Sie ruhig bei der – ob Sie nun Za-Zen machen oder auf ein Mantram meditieren. Sie nähern sich demselben Ziel, sich *selbst*, nur auf verschiedenen Wegen. Wenn Sie aber noch keinen eigenen Meditationsweg entwickelt oder gefunden haben, mag der Kassettenvorschlag für Sie ein guter Einstieg in Ihre Mitte sein. Es ist dies eine besonders einfache und wirksame Art zu meditieren, bei der man noch dazu kaum Fehler machen kann, denn sie benutzt gerade das, was alle anderen Meditationen loswerden wollen, die Gedanken. Unser ganzes Denken läuft über Bilder. Wenn wir kein Bild von einer Kuh in uns hätten, könnten wir uns auch keine vorstellen. Ja, es geht sogar so weit, daß, wann immer jemand das Wort, den Gedanken »Kuh« erwähnt, wir automatisch und sofort das Bild einer Kuh vor uns oder besser in uns haben. Das ist auch schon das ganze Geheimnis der geführten Bildermeditation. Es ist so einfach und wohl gerade deshalb so wirksam.[1]

---

1 Dahlke, Ruediger, *Reisen nach Innen*, bietet eine ausführliche Einführung in das Thema.

Nun können Sie sich natürlich einfach ein paar Kassetten zusammenstellen und anfangen. Für diejenigen aber, die die Idee gerade erst kennenlernen, möchte ich eine grobe Reihenfolge vorgeben, was aber nicht bedeutet, daß alle Kassetten aufeinander aufbauen oder sonst zusammenhängen; diese Gliederung bezieht sich lediglich auf ihre Eignung zum Einstieg.

Gut geeignet für den Anfang ist etwa die Meditation »Elemente-Rituale« zu diesem Buch »Erde – Feuer – Wasser – Luft«, aber auch die Kassette »Tiefenentspannung«. Dann kommt es darauf an, worauf man mit dem Fasten hinaus will. Drücken noch körperliche Beschwerden, so ist vielleicht die Meditation »Innerer Arzt« angebracht, wo Sie direkten Kontakt zu Ihrer eigenen Heilkraft aufnehmen können und auf der Rückseite Mittelpunkt eines Heilungs-Rituals werden. Bei speziellen körperlichen Problemzonen empfiehlt es sich natürlich, diesen Bereichen besondere Aufmerksamkeit zu schenken. Für einige Themenkreise wie z. B. Herz-Kreislauf, Verdauung, Gewicht oder Rauchen stehen gezielte Meditationskassetten und entsprechende begleitende Taschenbücher zur Verfügung. Mit ihrer Hilfe steigen die Chancen, das dem Problem zugrundeliegende Muster zu durchschauen, erheblich.[1]

Will man Meditation und die Beschäftigung mit dem eigenen Lebensmuster während der Fastenzeit in den Vordergrund stellen, kann auch das Kassetten-Programm »Mikrokosmos = Makrokosmos«[2] ein verläßlicher Leitfaden sein. Es bringt auf

---

1 siehe Bücher und Kassetten im Literaturverzeichnis

2 *Mikrokosmos = Makrokosmos* siehe Dahlke, Ruediger, *Reisen nach Innen*

acht Kassetten sechzehn aufeinander aufbauende Meditationen, die Schritt für Schritt tiefer in die eigene Innenwelt und Ihre Beziehung zur äußeren Umwelt führen.

Eine eigene Art von Atem-Meditation bringt die Kassette »Atemmandala – Farbmandala«. Die Möglichkeiten und Geheimnisse des Atems werden hier sehr sanft durchlebt. Allerdings sollte man sich für diese Meditation viel mehr Zeit nehmen, als die Kassette mit ihren 2 mal 30 Minuten dauert. Auch ist es nicht sinnvoll, alleine zu tief in das Atem-Abenteuer hinein zu atmen, die ganze Betonung liegt auf dem sanften und bewußten Fließen.

Geht man doch zu tief hinein, kann es zu eigenartigen körperlichen Zeichen und Empfindungen kommen, die leicht angst machen können. Tatsächlich sind sie – selbst Verkrampfungen – so lange harmlos, wie man die Ruhe bewahrt und einfach sanft weiter atmet. Überall, wo der Atem einen hinträgt, trägt er auch hindurch – man muß ihm nur vertrauen. Begegnen aber kann man dabei niemand Schlimmerem als sich selbst. Auf der Rückseite dieser Kassette finden Sie eine Farb- und Chakren-Meditation, die Sie zu Ihren eigenen Energiequellen begleiten will.

Mit diesen oder vergleichbaren[1] Meditationen können Sie sich nun Ihr individuelles Programm zusammenstellen. Mit der Zeit wird es immer leichter fallen, sich in den inneren Bilder-

---

1 Dieses »vergleichbar« bezieht sich keinesfalls auf Kassetten, deren Grundlage »positives Denken« ist. Diese Art halte ich zum Fasten für denkbar ungeeignet.

welten zurechtzufinden, und Sie können dann das Schlußknacken Ihres Kassettenrecorders als Startzeichen benutzen, um eigene Reisen zu machen, Ihre persönlichen Märchen zu entdecken, an Ihren Phantasiewelten aktiv teilzuhaben. Das kann ziemlich bald Spaß machen, wenn erst die Anfangshürden, die es, wie überall, gibt, überwunden sind. Und was vielleicht noch wichtiger ist, es hilft Ihnen unbemerkt und macht Sie heil, denn das ist ja vielleicht das größte Problem unserer Zeit, daß sie meint, auf die Phantasien und Träume, die Märchen, Mythen und Sagen verzichten zu können, ja, sogar glaubt, ohne jene dunklen und geheimnisvollen Bereiche des Unbewußten besser auszukommen.

Diesen Irrtum bezahlen wir alle ständig – meist ohne es zu merken – an all den vielen Nahtstellen unserer so sauber verpackten Gesellschaft. Da macht sich der kleine und der große Irrsinn dann an ganz unpraktischen Orten bemerkbar, da geschehen die unerklärlichsten Fehlleistungen und Fehler; aber auch Krankheiten drängen aus den unterdrückten Tiefen der Seelen hervor.

Immer noch tun wir, als gäbe es nur das, was wir sehen, schmecken und anfassen können. Ärzte aber können sich das schon lange nicht mehr leisten – bei über der Hälfte aller Patienten können sie nichts mehr sehen, messen und anfassen, und die sind deswegen nicht weniger krank.

Mit diesen einfachen Meditationen kann es relativ leicht gelingen, in lange verschüttete Bereiche der Phantasie zurückzukehren, dorthin, wo wir uns als Kinder ganz natürlich zu Hause fühlten. Diese Bereiche sind tatsächlich unser Zuhause, sie gehören zu uns, und wenn wir sie wieder in Besitz nehmen, werden wir dadurch heil.

Nun haben Sie zu dem handwerklichen Bereich der Mandalaherstellung mit den Meditationen noch einen geistigen. Was jetzt noch fehlt, ist als drittes ein körperlicher Teil. Falls Sie Ihre Fastentage in der Stadt verleben, empfehle ich Ihnen, es wirklich mit dem Kreislaufgerät (A_{13}) zu versuchen, auch sonst ist es natürlich lohnend, und das 20 Minuten lange Fußbad ist ein schöner Abschluß des Fastentages. Sind Sie allerdings irgendwo in schöner Umgebung, stehen Ihnen natürlich im wahrsten Sinne des Wortes Tür und Tor offen. Gehen Sie hinaus spazieren, machen Waldläufe und treten Sie in sinnliche Kommunikation mit den Elementen der Natur. Überhaupt sollten Sie, wann immer es möglich ist, draußen sein. Selbst die Kassetten können Sie heute mittels »Walkman« bequem im Freien hören, und das Malen geht natürlich im Garten genausogut. Es ist das ja eine Zeit, in der Sie sich äußerlich freigemacht haben. Machen Sie sich auch innerlich frei, und geben Sie dem Ausdruck, indem Sie die Freiheit und Weite der Natur an sich heranlassen.

Was immer Sie an Bewegungs- und Körperprogramm beschließen, versuchen Sie, sich von den typischen Idealen deutscher Körperertüchtigung zu lösen. Es geht sicher nicht darum, etwas zu trainieren, zu schaffen, zu lernen, zu absolvieren – viel eher geht es darum, im jeweiligen Moment Spaß an der Bewegung zu finden. Wenn Sie das erleben, ist es egal, ob bei Yoga-Asanas, Aerobic, beim Jogging, Tennis oder Schwimmen. Eine zum Fasten besonders passende Bewegungsform wäre das Tai-Chi, vor allem, weil dabei die Bewegung um der Bewegung willen im Vordergrund steht, wohingegen das Ziel, soweit überhaupt vorhanden, ganz in den Hintergrund tritt. Der Tai-Chi-Meister mit den fließenden Bewegungen aus seiner Mitte könnte als Symbol für die ideale Haltung des Fastenden stehen. Er ist unüberwindlich stark, aber diese Stärke fließt aus seiner Nachgiebigkeit und Weichheit. Ein schönes Bild dafür und als Abschluß des Körperthemas: Ein Tai-Chi-Meister steht auf einer Waldlichtung, so ruhig und friedlich, daß sich ein kleiner Vogel auf seiner Schulter niederläßt. Nach einiger Zeit will der Vogel wieder wegfliegen, aber erstaunlich – es geht nicht. Denn dazu müßte er sich wenigstens ein klein wenig abstoßen können. Immer aber, wenn er es versucht, gibt der Meister gerade dieses kleine Bißchen nach, und so wird der Vogel machtlos. Stärker als jeder fesselnde Griff hält ihn die grenzenlose Nachgiebigkeit des Meisters.

Der Philosophie des Tai-Chi sehr nahe sind die Chi-Gong-Übungen. Ohne besondere Anleitung kann man vor allem mit den Chi-Gong-Kugeln spielend üben und erlebt so spielend Meditation und eine wirksame Reflexzonenmassage in einem.[1]

Wer auf dem esoterischen Weg in Urprinzipien zu denken gelernt hat, kann auch den Gott Kronos-Saturn zur Leitfigur seiner Fastenzeit machen, denn ohne Zweifel hat er zum Fasten den deutlichsten Bezug. Es lohnt sich auch für astrologisch nicht Interessierte, dieses Prinzip ein wenig eingehender zu

---

1 Höting, Hans, *Qi-Gong*

betrachten, denn an ihm können wir eine weitere Dimension unseres Themas erkennen. Unter Saturn fallen etwa Begriffe wie Ordnung, Begrenzung, Form, Klarheit, Struktur, Zeit, Verzicht, Trennung, Widerstand, Hemmung, Mangel, Einsamkeit, Kargheit, Reinheit, Krankheit, Askese, Ernst, Ausdauer, Härte, Langsamkeit und Geduld. Da nun Saturn eines der alten 7 Urprinzipien der Wirklichkeit ist, können wir davon ausgehen, daß jeder Mensch mit ihm zu tun hat, ganz gleichgültig, wo Saturn im Geburtshoroskop steht. Irgendwo muß er ja stehen, also ist er bzw. sein Prinzip wichtig. Auch der Astrologie ganz abgeneigte Leser werden zugeben müssen, daß tatsächlich jeder Mensch Phasen von Trennung, Hemmung, Widerstand, Kargheit, Krankheit oder auch Verzicht, Einsamkeit, Reinheit und Geduld erlebt. Einem Gott opfern, bedeutete früher, sich dem betreffenden Urprinzip freiwillig zu stellen, allein schon, um so zu verhindern, daß es sich mit Gewalt holt, was ihm zusteht. Für Saturn könnte das heißen, wenn ein Mensch sich der freiwilligen Begegnung mit ihm verweigert, daß er sich sein Recht holt, indem der Mensch z. B. *schwer erkrankt*, wodurch er schon einmal *Trennung* von seinen Angehörigen erlebt. Auch wird er sich im *Krankenhaus einsam*, ja *isoliert* fühlen. Er muß nun auf alle geplanten Vergnügungen *verzichten*, nicht nur sein *Krankenzimmer* ist *spartanisch karg* eingerichtet, auch zu essen bekommt er *nur das Nötigste*. Der Krankheitsverlauf ist *langsam*, und unser Mensch muß *Geduld* lernen. In dieser *Leidenszeit* der *Entbehrung* und des *Mangels* wird ihm aber auch einiges *klar*, und er erkennt seine *Grenzen*, findet wohl auch wieder eine *klarere Struktur* für sein Leben.

Oder aber unsere Beispielperson *verliert* einen nahen Menschen, erlebt dadurch *Trennung, Einsamkeit* und *Härte.* Vor lauter *Schmerz* will er dann womöglich gar niemanden mehr sehen, und *langsam* gerät er so in *Isolation.* Sie haben wohl schon erkannt, worauf das Ganze hinausläuft: Natürlich ist es angenehmer, die Begegnung mit Saturn freiwillig zu suchen, da wir dann die Ebenen wählen können, und ebenso natürlich ist Fasten eine fast ideale freiwillige Einlösung des Saturnprinzips. Je mehr wir diese Tendenz noch bewußt unterstützen, um so wirksamer wird sowohl das Fasten als auch die Befriedigung des Urprinzips Saturns. So können wir uns, wie wir ja schon an ganz anderer Stelle gehört haben, zum Fasten ganz stimmig sowohl ins *Krankenhaus* als auch in ein *Kloster* zurückziehen. Auch eine *Gefängniszelle* würde das Prinzip befriedigen, aber uns vielleicht weniger. Auf jeden Fall ist *Einsamkeit* sehr günstig. Auch *Trennung* von der gewohnten Umgebung und *Trennung* von alten Gewohnheiten fanden wir sinnvoll. Freiwilliger *Verzicht* und *Askese* sind Begriffe, die dem Fasten offensichtlich sehr nahekommen. Aber auch *Ausdauer* und *Geduld* sind vonnöten, denn vieles geht nun *langsamer.* Man spürt die eigenen *Grenzen*, findet aber auch neue *Struktur* und *Ordnung* in sich. Aus der freiwilligen *Reduktion auf das Wesentliche* wächst eine neue *Reinheit* und *Klarheit* in uns. Und schließlich mag uns das bewußte *Fasten* sogar bis an jene *Grenzen* leiten, wo wir dem *Hüter der Schwelle* begegnen, der natürlich auch Saturn untersteht, wie all die anderen *kursiv* gedruckten Begriffe.

Hier können wir nun auch verstehen, warum Fasten tatsächlich im wahrsten Sinne des Wortes Krankheit vorbeugt: Weil wir uns damit wirklich vorher beugen, bevor uns Saturn beugen kann. Ob wir ihn (es) beim Fasten oder in der Krankheit kennenlernen, scheint dem Gott (Urprinzip) gleich-gültig zu sein, nur beachten müssen wir ihn (es) eben ab und zu. Vielleicht wird nun auch die Wahl unseres Programms für eine »Fastenkur auf dem Weg« noch durchsichtiger: Wir wollten uns *Zeit* (Saturn ist ja auch der Gott der Zeit, der seine Kinder alle wieder verschlingt) nehmen, und *zurückziehen* in die *Einsamkeit*, uns nach innen wenden, dem *Wesentlichen* zu und deshalb alle Außenaktivitäten auf das *Nötigste reduzieren*. Wir wollten auch an uns *arbeiten* und uns den *Strukturen* der Mandalas stellen. Mandalamalen ist ja ständige *Arbeit* mit *Ordnung, Form* und *Begrenzung*. Alles darf ruhig *langsam* gehen, wichtig sind eher *Ausdauer* und *Konzentration*. Und die Arbeit an den *äußeren Strukturen* ist im Falle der Mandalas auch gleichzeitig noch die Arbeit an den korrespondierenden *inneren Strukturen*. Auch die Meditationen unterstützen den durch das saturnine Ur-Prinzip gesteckten Rahmen. Sie werden *allein* durchgeführt und *lösen* von der Außenwelt, führen nach innen ins *Zentrum*, *kon-zentrieren* uns im wörtlichsten Sinne auf unsere innere *Ordnung*. Auch in ihren Themen geht es ständig um die *Zurückführung*, die *Reduktion* auf das Wesentliche durch Loslassen und Aufgeben von allem Überflüssigen. Und abschließend mag uns nun auch noch klarwerden, warum Fasten auf dem esoterischen Weg solch eine wichtige Rolle spielt. Gibt es doch wenige Rituale, die uns so stimmig auf Saturn, den Hüter der Schwelle, vorbereiten.

Eine zusätzliche Erweiterung und hilfreiche Begleitung Ihrer Fastenzeit kann das Führen eines Tagebuches sein, eines Fasten-Tagebuches sozusagen. Wenn Sie es am Ende der Kur lesen, wird Ihnen auch darin die Saturnkette, Ihre eigene nämlich, begegnen. Vor allem sollten Sie da all die Erkenntnisse eintragen, die Ihnen während dieser Zeit ganz von »selbst« kommen. Für die »Zeit danach« kann dieses Buch – Ihr eigenes Weisheitsbuch – eine ganz wesentliche Hilfe sein, vor allem dann nämlich, wenn Sie wieder gefährlich nahe ans alte Fahrwasser geraten sind. Falls Sie irgendwann merken, daß sich alle guten Vorsätze still und leise wieder davongeschlichen haben, lohnt es sich, in Ihrem Buch nachzulesen und dort vielleicht den Anstoß zu einer neuen Fasten-Zeit zu finden. Wenn Sie aber das Loch suchen, durch das Ihre Vorsätze entweichen konnten, werden Sie immer wieder bei mangelnder Bewußtheit landen, werden merken, daß Sie einfach wieder eingeschlafen sind, und dann lohnt es sich natürlich, mit dem Zauberwort »Bewußt-sein« von neuem zu erwachen.

Fastenbrechen und Neubeginn

Wichtiger und schwieriger als das richtige Fasten sind richtiges Fastenbrechen und Aufbau mit Überleitung in die neue Zeit. Hier zeigt sich nun, ob nur die Hosen weiter geworden sind oder auch das Bewußtsein – ob man nur eine neue Technik ausprobiert hat oder ob man etwas Neues über sich selbst begriffen hat. Im Idealfall – und hier kann man sich ruhig die Essener als Vorbild nehmen – sollte wirklich eine neue Zeit beginnen.

Auf die dann angemessene Ernährung möchte ich später im Abschnitt »Essen« noch ein wenig eingehen. Bevor Sie aber wieder anfangen zu essen, sollten Sie sich noch einiges klarmachen: Die Verdauungsorgane müssen sich erst langsam wieder umstellen, an die nun ungewohnte Belastung gewöhnen. Je länger Sie gefastet haben, desto länger sollte auch der Aufbau sein (in etwa: Fastenzeit ist gleich halbe Aufbauzeit, bei 10 Tagen Fasten also 5 Tage aufbauen!).

Beginnen Sie mit einem reifen Apfel vormittags, den Sie wirklich »erleben« sollten, d. h. wirklich vollkommen kauen, so daß Sie nichts Festes hinunterschlucken. Wenn Sie den ganzen Apfel nicht schaffen, was leicht sein kann, ist das auch gut. Machen Sie es sich überhaupt zur Gewohnheit, in Zukunft sofort aufzuhören, wenn Sie gesättigt sind.

Am Abend folgt dann eine Kartoffelsuppe mit zartem Gemüse und Kräutern, aber ohne jedes Salz. Salz ist während des ganzen Aufbaus streng zu meiden – wenn Sie hier einen Fehler machen, sind Ihnen unangenehme Erfahrungen so gut wie sicher. Salz hat nämlich die Eigenschaft, große Mengen Wasser an sich zu binden. Es reicht schon, wenn die Luft ein wenig feucht ist, sofort ist das Salz im geschlossenen Streuer naß. Genauso geht es aber im Körper – schon kleine Mengen Salz binden große Mengen Wasser, und dadurch fühlt man sich dann plötzlich nach der angenehmen Leere und Leichtigkeit des Fastens schwer und aufgedunsen. Im Moment, wo man mit dem Salz beginnt, nimmt man im Nu zwei bis drei Pfund zu und lauter Wasser, das die Gewebe aufbläht und uns dazu. Meist fühlt man sich dann so ärgerlich und unwohl: »War ja doch alles umsonst!«, daß das Verhängnis seinen Lauf nimmt und der bewußte Aufbau auf Wellen der Enttäuschung den berühmten Bach hinunterschwimmt. Also Vorsicht! Versalzen Sie sich nicht gleich wieder alles!

Essen Sie bewußt, gehen Sie hinein in diese Tätigkeit, und erleben Sie, was dabei geschieht – erleben Sie auch die Dinge, die Sie essen, in ihrer ganzen Vielfalt mit allen Sinnesorganen. Es erübrigt sich dann wohl zu sagen, daß Sie dabei nicht auch noch reden können. Mit einem Wort, konzentrieren Sie sich auf das Essen – Ihr Körper tut das nun auch. Bisher hatte er all die, durch die wegfallende Verdauung eingesparte, Energie zu seiner Verfügung, und nachdem die für die Reparaturarbeiten und Regeneration nötige Energie verbraucht war, blieb ihm zumindest gegen Ende der Kur wahrscheinlich einige Kraft übrig, um sie nach Lust und Laune zu verpulvern. Das hört nun auf. Der Körper braucht jetzt all seine Energie, um die Verdauung wieder in Gang zu bringen. Es kann sein, daß Sie sich etwas müde und angestrengt fühlen. Gönnen Sie sich also viel Ruhe, schränken Sie Ihre Aktivitäten ein. Legen Sie sich nach jedem Essen mindestens eine halbe Stunde hin zum Ausruhen. Wenn nun einige der schon verschwunden geglaubten Beschwerden wieder auftauchen, Sie sich abgespannt und zerschlagen fühlen, ist das noch kein Grund zur Besorgnis. Diese, von Buchinger »Rückstoßerscheinungen« genannten Zustände, kommen wahrscheinlich durch das Zurückströmen der noch im Blut befindlichen Abbauprodukte zustande und verschwinden sehr bald wieder. Ein anderes Problem bietet manchmal die Darmentleerung, da der entspannte Darm seine Tätigkeit manchmal nicht so zügig wieder aufnimmt. Deshalb ist es in dieser Zeit wichtig, sehr schlackenreiche, d. h. vor allem zellulosehaltige Kost zu sich zu nehmen. Ein Löffel geschroteter Leinsamen morgens (z. B. Linusit) mit drei am Abend vorher eingeweichten Kurpflaumen kann hier helfen. Auch ein kleiner Einlauf von ca. 1/4 Liter kaltem Wasser kann den nötigen Reiz bringen. An Nahrungsmitteln empfehlen sich in kleinen Mengen langsam genossen: Kartoffelbrei, zarte Gemüse, Salate, Rohkost, Knäckebrot mit Diäsan[1], Buttermilch. Bei besonders Empfindlichen: Vollreis mit ungezuckertem Kompott, eingeweichte Backpflaumen, Eigelb, Buttermilch und Quark, unter einstweiligem Hintanstellen von rohen Gemüsen und Salaten (genauere

1 Siehe später: Budwig, Johanna, *Die Öl-Eiweiß-Kost*

Empfehlungen im Anhang) (A_{14}). Wichtig ist, daß selbst eingefleischte Allesfresser wenigstens 1 Woche nach Ende der Kur die leichtere, vegetarische Kost einhalten.

Anfangs betonte ich in Anlehnung an die Alchimie, daß der Aufbau die kritischste und alles Weitere entscheidende Phase der Kur ist. Das stimmt auch weiterhin, und doch gibt es jetzt gar nicht so viel darüber zu sagen. Wenn alles Bisherige geklappt hat, sind Sie nämlich mit Ihrer eigenen Erfahrung soweit, daß Sie selbst spüren, was Ihnen gut tut, wie Sie sich jetzt verhalten müssen, um in Harmonie mit sich, Ihrer inneren und äußeren Umwelt zu bleiben. Wenn Sie den Kontakt zur inneren Stimme, zu Ihrer Intuition gefunden, aber auch dann, wenn Sie »nur« ein intensiveres Gefühl zu Ihrem Körper bekommen haben, müßte das ausreichen, um herauszufinden, was Ihnen jetzt weiterhin gut tut. Nun kommt langsam die schon vorab angekündigte Zeit, wo Sie vorgefertigte Rezepte durch Ihre Intuition zu Ihren eigenen individuellen umgestalten können. Irgendwann werden Sie dann sogar einmal alle Rezepte, auch die eigenen, beiseite legen, weil jeder Augenblick seine eigene Qualität hat – jetzt und hier. Rezepte legen immer die Zukunft fest und können auf dem esoterischen Weg immer nur Krücken bleiben, wichtige Krücken vielleicht, aber irgendwann sollten sie doch das Schicksal aller Krücken erleiden, abgelegt zu werden. In diesem Sinne ist auch dieses ganze Buch mit all seinen Ratschlägen zu verstehen. Es trägt von mir für Sie verallgemeinerte Erfahrungen weiter; das ist seine Aufgabe, mehr nicht. Erlauben Sie ihm nicht, Ihr Wachsen zu behindern. Solange Sie sich allerdings unsicher fühlen, folgen Sie noch den hinten angegebenen Rezepten, aber auch dann in dem Sinne, daß Sie versuchen, den Geist dahinter zu erfassen und nicht am Buchstaben zu kleben. Vertrauen Sie jetzt ruhig auch schon mal auf Ihr Gefühl. Irgendwann müssen Sie damit sowieso beginnen. Und warum soll denn Ihr natürliches Bedürfnis so falsch sein? Nach zwei bis drei Wochen Fasten hat kaum jemand Lust auf Schweinebraten oder Steak; vielmehr erleben die meisten Menschen, wie ihre Bedürfnisse immer einfacher und bescheidener werden. Schließlich endet es fast immer bei der Lust auf Brot. Für ein Stück trockenes Brot lassen dann sogar eingefleischte Feinschmecker die raffiniertesten Saucen und erlesensten Küchenkreationen stehen. Brot scheint ein sehr tief verwurzeltes menschliches Urbedürfnis zu erfüllen – selbst nach vierzig Fastentagen ist es noch da und der mit Abstand stärkste Anker, der einen weiter an die Welt der materiellen Genüsse bindet.

Das Hauptproblem mit Rezepten und Rezeptvorschriften ist, daß sie alle Menschen über einen Kamm scheren. Solche Verallgemeinerungen sind immer problematisch, denn wie es nicht zwei völlig gleiche Menschen gibt, finden sich auch nicht zwei ganz identische Verdauungssysteme. In diesem Sinne wäre ein Buch wie »Vom richtigen Essen«[1] zu empfehlen, das einen Weg aufzeigt, eine dem individuellen Temperament und der eigenen Konstitution entsprechende Ernährung zu finden.

Besonders jetzt in der Aufbauzeit gibt Ihnen jede Mahlzeit eine neue Chance, die Chance nämlich, bewußt zu sein und den

---

1 Possin, Roland, *Vom richtigen Essen*

eigenen neugewonnenen Erkenntnissen treu zu bleiben. Jedes Essen kann nun zur Meditation werden: So wie Sie bei der Meditation nach dem Abschweifen der Gedanken wieder zum Atem, Mantram oder Ihrem inneren Bild zurückkehren, so kehren Sie jetzt zum Essensvorgang zurück, zum Kauen, Schmecken, Schlucken, Genießen. So einfach wird aus einer Gewohnheit ein Ritual.

Rituale aber haben fast immer ihre genauen Zeiten, die sich allerdings nicht notwendig aus vom Menschen geplanten und festgelegten Regeln ergeben. Ein Sonnenwendritual findet genau wie ein Vollmondritual genau dann statt, wenn die Zeit dafür reif ist. Lassen Sie Ihre Essensrituale auch gerade dann stattfinden, wenn die Zeit reif ist. Das aber ist frühestens der Fall, wenn Sie Hunger spüren.

Natürlich erfordert unser gesellschaftliches Leben gewisse Regeln, doch die sollten Sie wenigstens Ihren individuellen Bedürfnissen anpassen. Wer morgens keinen Hunger hat, kann sehr gut ein späteres Frühstück einnehmen oder es ganz weglassen. Das widerspricht dann zwar der Volksregel »Frühstücke wie ein Kaiser, esse zu Mittag wie ein König und zu Abend wie ein Bettler«, dafür erfüllt es aber gerade die Forderungen des Essener- Evangeliums. Es gibt eben für alles und gegen alles eine Regel. In dieser Situation empfiehlt es sich, den dem eigenen Empfinden angemessenen Rhythmus anzunehmen. Wenn Sie mittags keine Zeit, Ruhe oder Lust zum Essen haben, lassen Sie es eben sein; es ist dann auch in Ordnung – nämlich in Ihrer.

Meditation über das Essen

Es lohnt sich sicherlich, ein wenig über das Essen nachzudenken, dem wir heute so viel opfern an Zeit, Geld und auch Gesundheit. Essen ist tatsächlich sehr wichtig, auch wenn wir uns hier hauptsächlich mit Essensverzicht beschäftigt haben. Dieser Verzicht ist aber nicht als Grund- oder Dauereinstellung gedacht, sondern vielmehr als Basis für eine neue Haltung zum Essen.

Essen ist ja tatsächlich so wichtig, daß wir ohne es, wenn auch erst nach langer Zeit, aber dann doch sterben müssen. Nur Atmen und Trinken sind wichtiger, denn ohne sie sterben wir noch viel eher. Als viertes und meist vergessen ist dann nur noch Liebe fast so notwendig wie Essen. Denn tatsächlich sterben kleine Kinder, die ganz ohne Zuwendung aufgezogen werden, sehr bald; bei Erwachsenen dauert es meist länger, aber zum Glück gibt es ja dann auch kein totales Liebesfasten mehr.

Entsprechend seinem Platz unter den vier wichtigsten menschlichen Grundbedürfnissen sollten wir das Essen dann auch wichtig nehmen – allerdings gleichmäßig wichtig. Also nicht ab und zu große Gelage und dann wieder nur so nebenbei etwas hinunterschlingen. Es ist wichtig, sich regelmäßig, möglichst immer zur gleichen Zeit, genügend Zeit zum Essen zu nehmen, genau wie zum Gebet oder zur Meditation. Dort kommen wir ja, Gott sei Dank, auch nicht auf die Idee, schneller zu machen.

Natürlich muß Essen auch Spaß machen, und auch Festessen sind gar nichts Schlechtes – nur ist das ja nicht notwendig eine Mengenfrage. Vielmehr könnten und sollten wir es zu einer Qualitätsfrage machen. Dann kann allmählich jedes Essen zu einem Fest werden. Wenn wir aber doch einmal wieder einfach zu viel gegessen haben, warten wir wenigstens mit der nächsten Mahlzeit, bis wir wirklich von allein hungrig werden, und wenn es zwei Tage dauert.

Der gesunde Körper weiß selbst am besten, wann er wieder Nahrung braucht. Es lohnt sich auch, einmal über das Wort »Genuß« nachzudenken, sich einmal zu fragen, ob der Genuß wirklich von dem Völlegefühl nach dem Essen oder dem Schlucken oder Schlingen oder der Eßgeschwindigkeit abhängt. Eher hängt Genuß doch wohl mit den Geschmacksorganen, Dingen wie dem Duft, dem Aroma, der Zubereitung und auch dem Anblick der Speise zusammen. Meditieren Sie einmal über das Essen an sich – erleben vielleicht auf Ihrer inneren Bilderebene, wie Sie früher gegessen haben, und wie Sie sich vorstellen könnten, in Zukunft zu essen. Versuchen Sie, ganz in diese Vorstellung hineinzugehen und auch tatsächlich Essen mit all Ihren Sinnen zu erleben. Einige von Ihnen werden sogar feststellen, daß das ein ähnlicher Genuß sein kann, wie materielle Dinge zu genießen – ja, es kann sogar richtiggehend »sättigen«. Sehr schön ist es auch, kurz vor dem Essen sich noch einmal darauf zu besinnen oder zu beten. Allein dieses kleine Ritual wird verhindern, daß Sie in alte Gewohnheiten zurückfallen. Fangen Sie an, bewußt zu essen, dann wird schließlich jedes Essen zu einem Ritual.

Teilfastendiäten

Am Übergang vom Fasten zum Essen stehen einige Teilfasten- und Spezialdiäten, die sich bei bestimmten Erkrankungen besonders eignen. So ist die Kartoffeldiät durch ihre eindrucksvolle Wasserausscheidung in den ersten Tagen bei Herz- und Nierenkrankheiten, die zur Wassereinlagerung führten, besonders empfehlenswert – gleichermaßen bei Bluthochdruck.

Die sogenannte »Semmelkur«, nach dem österreichischen Arzt F. X. Mayr, bringt eine intensive Umstimmung vor allem der Verdauungsorgane und eignet sich so besonders bei Krankheiten in diesem Bereich. Hier werden nur 3 Tage alte Semmeln zusammen mit etwas Milch gegessen, bei besonderer Betonung des Kauens. Zumindest für erwähnenswert halte ich hier noch die Öl-Eiweiß-Kost nach Johanna Budwig, wenn es sich auch nicht um ein Teilfastenprogramm, sondern eine richtige Diät handelt. Sie bringt bei allen Krankheiten, die physiologisch auf eine Bindegewebeverschlackung (wie etwa Rheuma) zurückgehen, gute Erfolge.

Das Prinzip ist sehr einfach und erfordert nur geringe Einschränkungen. Das einzige, was man unbedingt vermeiden sollte, sind tierische Fette und alle künstlich gehärteten Fette, also auch die Margarinen, außer Diäsan. Das Grundgerüst der Kost besteht aus Quark mit Leinöl, den man in sehr vielen

Variationen zubereiten kann. Allerdings achte man darauf, das Leinöl[1] frisch zu bekommen. Das im Reformhaus angebotene ist oft schon älter und hat dann einen Eigengeschmack, der nicht jedermanns Sache ist. Die Öl-Eiweiß-Kost läßt sich mit einer Fülle von Rezepten am besten aus dem gleichnamigen Buch von Johanna Budwig kennenlernen. Allerdings ist dieses Buch für Schwerkranke geschrieben und insofern etwas sehr streng.

Interessant ist bei dieser Kost noch, daß der Sonne eine besondere Bedeutung zukommt. Sie wird besser vertragen und entfaltet auf dem Boden dieser Ernährung mit hoch ungesättigten »elektronenreichen« Fettsäuren eine starke Heilkraft (vgl. den Engel der Sonne bei den Essenern).

Es gibt noch eine Reihe solcher Diäten, die bei bestimmten Indikationen zusammen mit dem Arzt durchgeführt werden können. Gegenüber dem Heilfasten mögen sie auf den ersten Blick Vorteile haben – etwa das Wegfallen des Hungergefühls während der ersten Tage –, nur sie sind eben auch etwas ganz anderes, zielen sie doch alle auf den medizinischen, das heißt, bei uns im allgemeinen ja leider »körperlichen« Aspekt.

---

1 Die Reformölmühle Fritz Kaucher, Schopfheim, hat sich in diesem Zusammenhang bewährt.

Das »Was«, »Wie« und »Wann« des Essens

Bei der Frage **»was«**, **»wie«** und **»wann«** man nach einer längeren Fastenkur essen sollte, möchte ich zuerst noch einmal wegen seiner Bedeutung das »Wie« stark hervorheben. Wahrscheinlich ist das »Wie« für unsere Gesundheit viel wichtiger als das »Was«. Sie sollten grundsätzlich nur essen, wenn Sie sich seelisch ausgeglichen fühlen, denn nur dann wird Ihnen die Nahrung gut bekommen. Lieber lassen Sie eine Mahlzeit aus, als daß Sie schnell etwas hinunterstopfen. Das Wort »Mahl-Zeit« drückt ein sehr tiefes Verständnis aus. Erstens soll man die Nahrung mahlen, und zweitens braucht man dazu Zeit. Das mag bei unserem hektischen Lebensrhythmus oft schwer werden und fordert manchmal wohl auch etwas Mut und Durchsetzungsvermögen – wenn alle um einen herum »Schlingzeit« haben und man selbst besteht auf seiner »Mahlzeit«. Nur ist die eben doch eine Grundvoraussetzung für ein gesundes Leben, und eine zweite folgt direkt daraus, nämlich das gründliche Kauen. Die Verdauung beginnt tatsächlich mit den Zähnen, mit ihnen legen wir die Grundlage für eine ausreichende Weiterverarbeitung der Nahrung. Diesen engen Zusammenhang zwischen Verdauung und Zähnen können wir direkt an einer heute weit verbreiteten Krankheit, dem Zahnfleischschwund, ablesen. Die Paradontose entsteht wohl auf dem Boden einer gestörten Darmflora, denn sie läßt sich mit einer Darmregulierung wie Symbioselenkung oder noch besser, mehrmaligem Fasten, gut kurieren. Machen Sie es sich zur Gewohnheit, keine »harten Brocken« mehr zu schlucken, indem Sie kauen . . . kauen . . . kauen. Wie schon oft erwähnt, ist das Essen so wichtig, daß Sie sich ganz darauf konzentrieren sollten. Das Grundprinzip vieler Meditationssysteme und auch Psychotherapien, ganz im »Hier und Jetzt« zu sein, können Sie gleich beim Essen zu leben beginnen.

All das ist uraltes Wissen, wir finden es bereits wieder im Essener-Evangelium formuliert: »Eßt nicht wie die Heiden, die sich in Eile vollstopfen und ihre Körper mit allen Abscheulichkeiten verschmutzen. Denn die Macht der Engel Gottes kommt in euch mit der lebendigen Speise, die der Herr euch von seiner königlichen Tafel gibt. Und wenn ihr eßt, habt über euch den Engel der Luft und unter euch den Engel des Wassers. Atmet tief und lang bei allen euren Mahlzeiten, daß der Engel der Luft eure Mahlzeiten segnet. Und kaut eure Nahrung gut mit euren Zähnen, daß sie Wasser wird und daß der Engel des Wassers sie in eurem Körper zu Blut umwandeln kann. Eßt langsam, als ob es ein Gebet sei, das ihr dem Herrn widmet. Denn wahrlich, ich sage euch, die Macht Gottes kommt in euch, wenn ihr auf diese Art an seinem Tische eßt. Aber Satan verwandelt den Körper desjenigen in einen dampfenden Sumpf, bei dem die Engel des Wassers und der Luft nicht während seiner Mahlzeiten anwesend sind. Und der Herr duldet ihn nicht mehr an seinem Tisch. Denn der Tisch des Herrn ist wie ein Altar, und der, der am Tische Gottes ist, ist in einem Tempel. Denn ich sage euch wahrlich, die Körper der Menschensöhne werden zu einem Tempel umgewandelt und ihre inneren Teile zu einem Altar, wenn sie die Gebote Gottes halten. Legt deshalb nichts auf den Altar Gottes, wenn euer Geist verdrossen ist, noch denkt schlecht über andere im Tempel Gottes. Und betretet das Allerheiligste des Herrn nur, wenn ihr den Ruf seiner Engel fühlt, denn alles, was ihr in Traurigkeit oder in Ärger oder ohne Wunsch eßt, wird Gift in eurem Körper. Denn der Atem Satans beschmutzt alles. Legt eure Gaben mit Freude auf den Altar eures Körpers und laßt alle bösen Gedanken von euch weichen, wenn ihr in eurem Körper die Macht Gottes von seinem Tisch empfangt. Und setzt euch nie an den Tisch Gottes, bevor er euch vom Engel des Appetits rufen ließ. Erfreut euch darum immer mit den Engeln Gottes an ihrem königlichen Tisch, denn dies erfreut das Herz des Herrn, und euer Leben auf Erden wird lang werden, denn der wertvollste von Gottes Dienern wird auch alle Tage dienen: der Engel der Freude.«

Das »Wann« ist damit auch schon angesprochen: immer nur, wenn man wirklich Hunger hat. Daran kann man sich natürlich nur halten, wenn man etwa durch Fasten seinen Körper wieder in einen natürlichen Rhythmus eingegliedert hat. Jesus empfiehlt den Essenern nur zweimal am Tag, wenn die Sonne am höchsten steht und wenn sie untergegangen ist, zu essen. Über das »Wieviel« sagt er noch: »Denn Satan und seine Macht verführt euch, immer mehr und mehr zu essen. Lebt aus dem Geist und widersteht den Begierden des Körpers. Und euer Fasten wird immer eine Freude in den Augen der Engel Gottes sein. So beachtet, wieviel ihr gegessen habt, wenn ihr *satt* seid und eßt immer ein Drittel weniger.«

Nun noch zum wohl schwierigsten Teil, dem »Was«. Ich glaube und habe es oft erlebt, wenn man sich nach längerer Fastenzeit an die eben besprochenen Dinge des »Wie« und »Wann« hält, ergibt sich das für den einzelnen richtige »Was« von ganz allein. Es hat wohl auch keinen Zweck, sich zu etwas – z. B. vegetarischem Essen – zu zwingen, für das man sich nicht reif fühlt. Doch empfiehlt es sich andererseits, nicht einfach auf dem breitgetrampelten Weg der Gewohnheit dahinzutappen, sondern in sich hineinzuhorchen und die wirklichen inneren Bedürfnisse zu erspüren. Jeder wird erleben, daß nach dem Fasten seine Sinne geschärft sind, er im Ganzen sensibler geworden ist. Und so wird ganz von allein unsere Lust, sich mehr auf einfache, aber reine Dinge, auf wenig, aber Gutes richten.

Nach längerem Fasten macht es vielen Menschen plötzlich wieder Freude, eine Frucht oder ein Gemüse für sich allein zu schmecken und zu genießen – und Freude sollte es vor allem machen. Ich glaube, Verzicht kann sehr gut sein, wenn er freiwillig und mit Freude und Spaß geübt wird, aber wohl auch nur dann – *und* dann ist es eigentlich schon keiner mehr.

Nun noch einige Hinweise, die Jesus den Essenern in diesem Zusammenhang gab: »Tötet weder Mensch noch Tier noch die Nahrung, die euer Mund aufnimmt. Denn wenn ihr lebendige Nahrung eßt, wird sie euch beleben, aber wenn ihr eure Nahrung tötet, wird euch die tote Nahrung ebenfalls töten. Denn Leben kommt nur vom Leben, und vom Tod kommt immer nur

Tod. Denn alles, was eure Nahrung tötet, tötet auch euren Körper. Und alles, was eure Körper tötet, tötet auch eure Seelen. Und eure Körper werden, was eure Nahrung ist, so wie euer Geist das wird, was eure Gedanken sind. Eßt darum nichts, was Feuer, Frost oder Wasser zerstört hat. Denn gekochte, erfrorene oder verfaulte Nahrung wird euren Körper ebenso verbrennen, erfrieren und verfaulen lassen. Seid nicht wie der dumme Bauer, der auf seinem Feld gekochten, erfrorenen und verfaulten Samen aussäte. Und der Herbst kam und seine Felder trugen nichts. Und seine Not war groß. Sondern seid wie der Bauer, der lebendige Saat auf seine Felder säte und dessen Felder lebendige Weizenähren trugen, die ihn hundertfältig für den Samen belohnten, den er ausgesät hatte. Denn wahrlich, ich sage euch, lebt nur durch das Feuer des Lebens und bereitet eure Speisen nicht mit dem Feuer des Todes, das eure Nahrung tötet, eure Körper und eure Seelen auch.«

Wer hier geneigt ist, sehr schnell den unbedingten Vorrang der Rohkost herauszulesen, möge immer bedenken, daß das alles den Essenern gesagt wurde, die durchaus noch anders lebten, als wir heute: Mancher »hochzivilisierte moderne« Darm ist einfach schon zu krank für totale Rohkost.

Aber noch ein anderer wichtiger Gedanke wird hier angesprochen, nämlich, daß man ist, was man ißt. Darüber lohnt es sich sicherlich, etwas zu meditieren. Einen anderen hilfreichen Satz zur Orientierung hörte ich von H. Zarges: Nämlich, daß man nur essen sollte, was man selbst von Anfang bis Ende auch zubereiten könnte. Das heißt, wenn man z. B. Kalbfleisch ißt, sollte man auch in der Lage sein, sich vorzustellen, das Tier selbst aufzuziehen, dann zu töten, es zu zerlegen und bis zum Ende zuzubereiten.

In seinen Erläuterungen für die Essener fuhr Jesus fort: »Gehorcht darum den Worten Gottes: Seht, ich habe euch alle Pflanzen der ganzen Erde, die Samen tragen, gegeben und alle Bäume mit Früchten, die Samen bringen zu eurer Speise. Und jedem Tier der Erde und jedem Vogel in der Luft und allem Gewürm, das auf der Erde kriecht, das mit dem Atem des Lebens belebt ist, habe ich jenes grüne Kraut zur Nahrung gegeben. Auch die Milch von allem, was sich bewegt und auf der Erde lebt, soll Speise für euch sein, so wie ich die grünen Kräuter ihnen gegeben habe, gebe ich euch ihre Milch. Aber Fleisch und Blut, das es belebt, sollt ihr nicht essen. Und gewiß werde ich euer fließendes Blut fordern, euer Blut, worin eure Seele ist. Ich werde alle geschlachteten Tiere fordern und die Seelen aller getöteten Menschen.« In bezug auf die Zusammenstellung der Nahrung sagte Jesus weiter: »Seid deshalb vorsichtig und verunreinigt euren Körper nicht mit allen Arten von Abscheulichkeiten. Seid mit zwei oder drei Nahrungsarten zufrieden, die ihr immer auf dem Tisch unserer Erdenmutter finden werdet. Und begehrt nicht, alle Dinge zu verzehren, die ihr überall seht. Denn wahrlich, ich sage euch, wenn ihr alle Arten von Nahrung in eurem Körper vermischt, dann wird der Friede eures Körpers aufhören, und ein endloser Krieg wird in euch wüten.« »Und wenn ihr eßt, eßt nie bis zur Völle.«

An anderer Stelle betont Jesus den Wert der einheimischen Nahrung vor allem Exotischen und die Anpassung der Ernährung an den Rhythmus der Jahreszeiten. »Eßt immer, wenn der Tisch Gottes vor euch gedeckt ist, und eßt immer das, was ihr auf dem Tisch Gottes findet. Denn wahrlich, ich sage euch, Gott weiß genau, was euer Körper braucht und wann er es braucht.«

Zum Abschluß nochmals ein Gedanke, der auch schon bei den Essenern auftaucht, sich aber auch bei uns noch vielfältig bewährt – nämlich, einen **einzelnen Fastentag** ab und zu einzuschieben, bzw. einen Tag in der Woche – etwa Sonntag – zum Fastentag zu machen. Nach einigen längeren Kuren ist das für den Körper auch sehr leicht.

Jesus zu den Essenern: »Und vergeßt nicht, daß jeder 7. Tag heilig ist und Gott geweiht. An 6 Tagen nährt eure Körper mit den Geschenken der Erdenmutter, aber am 7. Tag weiht eure Körper eurem Himmlischen Vater. Und am 7. Tag eßt keine Erdenspeise, sondern lebt nur vom Worte Gottes. Und seid den ganzen Tag mit den Engeln des Herrn im Reiche des Himmlischen Vaters. Und am 7. Tag laßt die Engel Gottes das Königreich des Himmels in euren Körper bauen, so wie ihr 6 Tage im Königreich der Erdenmutter arbeitet. Und laßt keine Nahrung die Arbeit der Engel in eurem Körper am 7. Tag erschweren. Und Gott wird euch ein langes Leben auf Erden geben, damit ihr ein ewiges Leben im Reich der Himmel haben werdet. Denn wahrlich, ich sage euch, wenn ihr keine Krankheiten auf Erden mehr sehen werdet, werdet ihr für immer im Königreich der Himmel leben.«

Soweit die Gedanken aus dem Essener-Evangelium, bzw. deren Interpretation von E. B. Székely. Es sind sicher ideale

Vorstellungen, und wir sind alle mehr oder weniger weit von ihnen entfernt. Man könnte sogar darüber streiten, ob solche Ratschläge noch zeitgemäß, ja, ob sie heute überhaupt realisierbar sind. Nachdem wir so viele wertvolle Anregungen aus den Essener-Texten gezogen haben, wollte ich jedenfalls nicht diese Schlußbemerkungen zum Essen unterschlagen. Was die Art und Weise des Essens betrifft, stimmt mein Rat auch ganz mit diesen Anweisungen überein, was dagegen die Nahrungsauswahl angeht, bin ich der Meinung, jeder sollte seinem augenblicklichen Gefühl folgen. Was übrigens gar keinen Zweifel an der Richtigkeit der Essener-Lehren beinhaltet. Ich halte das für ehrlich und damit heilender, als die edelste und ethisch hochstehendste Lehre mit zusammengebissenen Zähnen zu befolgen. Auf die Dauer können wir doch nicht an unseren Bedürfnissen vorbeigehen, wie immer die aussehen mögen. Versuchen wir es doch, führt das im allgemeinen nur zur Schattenbildung, und der Schatten holt uns irgendwann ganz sicher ein. Wenn wir Grundgefühle in uns ändern wollen, dann gelingt das kaum durch Ge- und Verbote, sondern höchstens, wenn wir zu unseren Wurzeln hinuntersteigen und dort die Weichen umstellen. Fasten wäre ein Weg, der uns bis an unsere Wurzeln führen kann. Auf ihn kann man ruhig vertrauen, nicht aber auf noch so gut gemeinte und eben doch nur moralisierende Ratschläge. »Du sollst nicht schlingen!« nutzt weder bei Kleinen noch bei Großen; regelmäßiges Fasten aber kann die Lust am Schlingen nehmen und die am wirklichen sinnlichen Genuß fördern.

Nun sprechen wir schon so lange vom Essen, und doch ist

noch immer wenig Konkretes über das »Was«[1] gesagt. Da sind lediglich diese biblischen Äußerungen mit ihren strengen Ge- und Verboten; den meisten modernen Menschen mögen sie radikal, ja sogar fanatisch vorkommen. Noch einmal möchte ich – wie schon eingangs – dazu anregen, dem Geist dieser Texte nachzuspüren: Allein, wenn Sie die Worte »Satan« durch »Unbewußtheit«, »Vater des Himmels« durch »Einheit« und »Heiden« durch »Unwissende« ersetzen, werden aus den scheinbaren Drohungen und Beurteilungen Erklärungen, die zugegebenermaßen immer noch auf das höchste Ideal, die Erleuchtung, zielen. Gerade das aber wird dann auch deutlich. Es ist ein wichtiger Schritt, uns einzugestehen, daß wir so weit noch nicht sind mit unserer Bewußtheit.

Der Satz »Du bist, was du ißt« mag trotzdem stimmen, in mancher Hinsicht sind wir ja auch nicht so verschieden von »unseren Haustieren«; umgangssprachlich benutzen wir ja ihre Namen sogar oft genug zur Anrede. »Du Rindvieh« ist meist als Beleidigung gedacht, doch wenn wir genau hinschauen, sind es doch viele Eigenschaften, die damit angesprochen sind, und manche sind gar nicht so schlecht. Das Rindvieh ist etwa immer im »Hier und Jetzt«, etwas, was uns selbst ständig mißlingt. Der entscheidende Unterschied liegt aber in der Bewußtheit; die Kuh ist zwar im Moment, aber sie ist sich

1 Da auch nicht viel Konkretes kommen wird, sei hier noch mal auf das Buch von Possin, Roland, *Vom richtigen Essen* hingewiesen und für all jene, die lieber auf gesunde Rezepte vertrauen wollen, ist das Buch von Lützner, Hellmut, *Richtig essen nach dem Fasten* geeignet.

dessen nicht bewußt. Folglich laufen all die »tierischen« Beschimpfungen im wesentlichen auf den Vorwurf der Unbewußtheit hinaus, und da liegen sie ja meist ganz richtig. Wenn wir uns jetzt noch vorstellen, vor einer Kuh zu stehen, so werden die meisten von uns kaum etwas gegen dieses ruhige friedliche Wesen haben, im Gegenteil. Tatsächlich benutzen wir die Tiernamen meist ganz zu Unrecht als Schimpfworte. Folglich wäre aus dem Satz »Du bist, was du ißt« noch gar keine Essensrichtung abzuleiten, denn es ist gar nicht so viel schmeichelhafter, anstatt »Du Rind« und »Du Schwein«, »Du Wurzel«, »Du Knolle« oder »Du Kohlkopf« genannt zu werden.

Aus dem Essen den Entwicklungsstand ablesen zu wollen, ist jedenfalls ein höchst verfängliches Unterfangen, das meist nur zu einem Ideal von blutarmen, lebensunlustigen und -untüchtigen »Körnerasketen« führt. Hier steht oft der nach außen gekehrten Heiligkeit eine innere Scheinheiligkeit sehr nahe. Der Schlüssel liegt wieder einmal in der Bewußtheit, die ja auch die Basis all jener Christus-Zitate ist. Bewußtheit aber führt zur Ehrlichkeit, und die wiederum bewahrt vor Scheinheiligkeit und auch davor, andere nach ihrem Essen zu beurteilen, ja, sie bewahrt letztlich vor allem Beurteilen. Sie läßt uns essen, worauf wir Lust haben, und je mehr Bewußtheit unserer Ehrlichkeit zugrunde liegt, um so näher werden wir einem »natürlichen« Essen kommen, einem Essen nämlich, das unserer Natur entspricht. Diese Entwicklung werden wir zuerst an kleinen Dingen merken, vielleicht beim Einkaufen, wo wir plötzlich darauf achten, nicht nur genug, sondern auch qualitativ Gutes für unser Geld zu bekommen. Plötzlich mag die Entscheidung »Butter oder Margarine« im eigenen Magen fallen, und die Diskussion von Autoritäten darüber wird belanglos. Was immer die Werbung und ihre zum Teil gelehrten Handlanger behaupten mögen, der innere Arzt hat mit einem Mal seinen eigenen Geschmack. Da können Sie sich plötzlich viel Zeit des Studiums, auch Besuche in Margarinefabriken und Schlachthöfen sparen – es ist sowieso alles klar. Plötzlich ist es ganz überflüssig, sich über Eierfabriken moralisch zu entrüsten. Ihr Körper entscheidet, ob er Eier mag, und wenn ja, welche. Lassen Sie Ihrem Körper ruhig Zeit, seinen Geschmack und Stil zu finden. Solange er noch unsicher ist, ist doch auch alles in Ordnung, da haben Sie dann alle Möglichkeiten, und die bewußt gemachten Erfahrungen werden Ihnen und Ihrem Körper weiterhelfen. Auf diesem Weg werden Sie ganz von allein selbständiger und unabhängiger. Wenn Ihre Augen auf dem Etikett »naturreiner Bienenhonig« lesen und Ihr Hals trotzdem kratzt und beim Apfelsaft ständig eine ähnliche Diskrepanz auftritt, mag das zuerst verwirrend sein, aber irgendwann wird Ihnen dämmern, daß die Lebensmittelbestimmungen eben nicht verdauungs-, sondern industriefreundlich sind. Na, und wenn es soweit ist, können Sie sich ja neu entscheiden, und es besteht überhaupt kein Grund, diese Erkenntnis gleich anderen, denen ja die eigene Erfahrung noch fehlt, aufzuzwingen. Erinnern Sie sich an Christi Worte zu den Essenern: »Bleibt allein und fastet und zeigt euer Fasten keinem Menschen.« Und einer der Grundsätze wirklicher Esoterik ist, nicht zu missionieren. Von wenigen aber wird so missioniert, geschimpft und gekämpft wie von Essensfanatikern, ein sicheres Zeichen jedenfalls, daß das Ziel noch weit ist, und es ist auch bisher kein Fall bekannt, wo Heiligkeit ausschließlich über den Darm erreicht worden wäre.

Zum Abschluß noch ein Gedanke zum Essensbedarf. Tatsächlich braucht man nach häufigerem und länger währendem Fasten auch weniger Nahrung, denn der Körper wird genügsamer, verwertet die Speisen wohl auch besser. Das ist aus der Sicht der Evolution durchaus ein sinnvolles und wertvolles Verhalten, auch aus der Sicht des Körpers, für übergewichtsgeplagte Wohlstandsbürger aber ist es ein Kreuz und entwertet Fasten als lediglich symptomorientierte Gewichtstherapie sehr. Nur wer beim Fasten einen Bewußtseinsschritt gemacht hat, kann auch die Gewichtsreduktion im Alltag erhalten. Wer mit der gleichen Einstellung fastet, mit der er vorher Appetitzügler genommen hat, wird auch nicht viel vom Fasten haben, ähnlich wie vorher von den Appetitzüglern. Übrigens fastet er auch nicht, sondern macht höchstens eine Null-Diät. Zum zusätzlichen Kummer der Übergewichtigen muß man auch noch sagen, daß sie oft besonders langsam abnehmen. Ein Mann nimmt im allgemeinen ca. 450 Gramm, eine Frau ca. 380 Gramm pro Tag ab. Ist das Bindegewebe aber besonders verschlackt, was bei den Dicken häufig der Fall ist, geht das Abnehmen zeitweise noch langsamer. In solchen Phasen von Gewichtsstillstand sollte man ganz ähnlich wie in den typischen Fastenkrisen die Kur niemals beenden, sondern weiter fasten, bis man aus dem Loch wieder heraus ist und das Gewicht wieder sinkt. Meist wird das Durchhalten dann durch ein zunehmendes Wohlgefühl, vergleichbar dem nach überstandener Krankheit, und schnell sinkendes Gewicht belohnt. Sehr starkes Übergewicht ist eine Krankheit und braucht Behandlung. Wenn die Betroffenen fasten, sollten sie die im Kapitel »Fasten als Weg zur Selbsterkenntnis« angeführten Möglichkeiten besonders beherzigen. Grundsätzlich kann Fasten beides sein: Körper- und Psychotherapie. Es bietet auch eigentlich nur dem eine echte Chance, der es als Weg zu sich selbst benutzt, dem allerdings eine gute. Dann ist es auch der beste Weg, um durch einen möglichen Schutzpanzer aus Fettschichten zum eigenen Kern vorzudringen. Wer diesen Weg geht, dem wird Essen schließlich ein Geschenk, das er, einem natürlichen Bedürfnis folgend, genießt, und es hört auf, Ablenkung, Sensation und vor allem Ersatzbefriedigung zu sein. Ein ständiges »Auf-das-Gewicht-Schauen« zeigt einen un-heilen Zustand an und damit, daß noch ein Stück Weg vor einem liegt. Im übrigen führt der Kampf mit Kalorientabellen, »F. d. H.«-Maßnahmen und Reduktionsdiäten sowieso immer nur in einen Dauerkampf, bei dem die Freude am Essen verlorengeht. Das Fasten kann uns aber gerade diese Freude wiedergeben und bewahren.

Schlußgedanke aus dem Essener-Evangelium

Als Jesus die Essener verließ, sagte er ihnen zum Abschied: »Genauso wie euer Körper durch die Engel der Erdenmutter wiedergeboren wird, genauso möge euer Geist durch die Engel des Himmelsvaters wiedergeboren werden. Werdet darum wahre Söhne eures Vaters und euer Mutter und die wahren Brüder der Menschensöhne. Bis jetzt wart ihr mit eurem Vater, mit eurer Mutter und euren Brüdern im Krieg. Und ihr habt Satan gedient. Von heute an lebt in Frieden mit eurem Himmelsvater und mit eurer Erdenmutter und mit euren Brüdern, den Menschensöhnen. Und kämpft nur gegen Satan, damit er euch nicht den Frieden raubt. Ich gebe eurem Körper den Frieden eurer Erdenmutter und eurem Geiste den Frieden eures Himmelsvaters. Und laßt den Frieden beider unter den Menschensöhnen regieren.

Kommt alle zu mir, die ihr müde seid und unter Streit und Bedrängnis leidet. Denn mein Friede wird euch stärken und erquicken. Denn mein Friede ist überquellend von Freude. Deshalb grüße ich euch immer auf diese Weise: ›Friede sei mit euch.‹ Grüßt euch darum auch so, daß sich auf euren Körper der Friede der Erdenmutter herabsenkt und in euren Geist der Friede eures Himmelsvaters. Und dann werdet ihr auch unter euch Frieden finden, denn das Reich Gottes ist in euch. Und geht nun zurück zu euren Brüdern, mit denen ihr bis jetzt im Krieg gelebt habt, und gebt ihnen euren Frieden. Denn glücklich sind die, die nach Frieden streben, sie werden den Frieden Gottes finden. Geht und sündigt nicht mehr und gebt jedem euren Frieden, genauso wie ich euch meinen Frieden gab. Denn mein Friede ist von Gott. Friede sei mit euch.«

Anhang

A_1

»Glaubern«

Lösen Sie circa 30 Gramm Glaubersalz (Natriumsulfuricum) in einem 3/4 Liter warmen Wassers und trinken Sie es innerhalb von 10 Minuten. Um den Geschmack zu verbessern, können Sie danach einen Schluck Fruchtsaft trinken. Es kann nun unterschiedlich lange dauern, bis es zu einigen heftigen Darmentleerungen kommt. Bleiben Sie also am besten in Toilettennähe, bzw. wählen den Zeitpunkt des »Glauberns« entsprechend günstig. Wenn das Gurgeln und Gluckern im Darm sehr lange Zeit nicht nachläßt oder sogar unangenehm wird, bringt eine Ruhepause mit Wärmflasche auf dem Bauch meist bald Erleichterung.

A_2

Der Einlauf und seine Durchführung

Nachdem Sie sich in einer Apotheke einen Klistierbehälter besorgt haben, füllen Sie ihn mit körperwarmem Wasser und geben etwas Glaubersalz hinzu, um die Resorption durch die

Darmwände zu verhindern. Falls Sie gerade kein Glaubersalz zur Hand haben, können Sie es genausogut auch weglassen, es handelt sich dabei eigentlich nur um einen Trick. Glaubersalz bindet genau wie Kochsalz Wasser an sich, im Gegensatz zum Kochsalz kann es aber nicht durch die Darmwände, weshalb es ja auch trotz strengster Salzvermeidung beim Fasten benutzt werden darf. Wenn Sie also etwas Glaubersalz ins Einlaufwasser geben, wird dieses Wasser auch sicher wieder herauskommen, und der Einlauf erfüllt seinen Zweck. Nun können Sie es aber auch ohne das Salz machen und dann mit dem Einlauf gleich feststellen, ob Sie genug trinken. Kommt es nämlich nicht zu einer entsprechenden Entleerung, weil der Körper die dringend benötigte Flüssigkeit bei sich behält, so haben Sie nicht genug getrunken, bzw. jetzt haben Sie den Einlauf getrunken, eben hinten herum. Das ist ja auch in Ordnung und sogar eine wichtige Erfahrung – nur den Einlauf sollten Sie noch einmal wiederholen.

Auch in anderer Hinsicht kann diese Erfahrung beispielhaft sein. Der Körper folgt in seinen Funktionen sehr einfachen, ja eigentlich genialen Gesetzen. Wenn einmal irgend etwas nicht so geschieht, wie vorhergesehen oder im Buch angekündigt, läßt sich das Problem meist durch einfache Überlegung klären oder besser noch mit ein wenig Einfühlung lösen.

Den Schlauch Ihres Einlaufgerätes müssen Sie entweder irgendwie abklemmen oder den bei neueren Behältern dafür vorgesehenen Hahn verschließen. Dann knien Sie sich auf den Boden und stützen sich mit den Ellenbogen auf und führen nun das gut eingefettete Schlauchende einige Zentimeter tief in den

After ein. Öffnen Sie jetzt den Hahn und versuchen Sie, weiter ganz ruhig zu atmen und sich nicht zu verkrampfen. Begleiten Sie auch diesen Reinigungsakt mit Ihren Gedanken und Bildern. Nach einigen Minuten wird Sie im allgemeinen ein heftiger Stuhldrang auf die Toilette treiben, und Wasser und Darminhalt schießen in Etappen heraus. Es ist nicht nötig, das Wasser besonders lange zu halten. Nur in seltenen Fällen ist eine begleitende Darmmassage angebracht. Das sollten Sie aber auf alle Fälle mit Ihrem Arzt besprechen. Nach dem Einlauf empfiehlt es sich, eine Viertelstunde zu ruhen.

Die häufigsten Probleme beim Einlauf sind:

a) ein Knick im Schlauch, der den Wasserfluß behindert;
b) der Wasserbehälter hängt zu niedrig, so daß der hydrostatische Druck nicht ausreicht;
c) die Öffnungen des Mund- bzw. Postücks sind verstopft;
d) das Postück ist nicht tief genug eingeführt und der Schließmuskel drückt die entsprechenden Öffnungen zu.

A3

Fastentees: Gleich zu Beginn ist zu sagen, daß es vor allem darauf ankommt, daß Sie wenigstens 1 1/2 Liter pro Tag trinken. Wenn es Ihnen zusätzlich gelingt, sich ein Tee- oder Säfteprogramm zusammenzustellen, so ist es natürlich noch besser. Sie brauchen sich jedoch nicht krampfhaft an die Vorschläge zu halten. Andererseits kann es viel Freude machen, sich in dieser Zeit in die Welt der Heilpflanzen und -kräuter hineinzufinden.

Am ersten Tag beginnen wir mit einem *Nieren-Blasentee*. Entweder Sie besorgen sich eine fertige Mischung, oder Sie stellen sich selbst Ihre Mischung zusammen. Das können Sie im Kräuterladen machen oder auf der Wiese. Wenn Sie es sich leisten können, macht natürlich das Selbstsammeln viel Freude. Die Kräuter wirken auch um so besser, je frischer sie sind[1]. Folgende Heilpflanzen haben eine günstige Wirkung auf das Uro-Genitalsystem: Berberitze, Anis, Löwenzahn, Wacholder, Brennessel, Labkraut, Zinnkraut, Bärlapp und Spitzwegerich.

Am 2. Tag können Sie einen *Leber-Gallentee* nehmen. Folgende Pflanzen kommen in Frage: Schöllkraut, Rhabarberwurzel, Löwenzahn, Gänsefingerkraut, Schafgarbe, Bärlapp, Silberdistel. Natürlich gibt es auch hier, wie in all den anderen Fällen, fertige Präparate der Industrie.

Am 3. Tag nehmen Sie vielleicht einen *Blutreinigungstee*: Schafgarbe, Wacholderbeere, Schlüsselblumenblüten, Brennnessel, Salbei, Bärlauch, Fenchel, Hagebutten, Heidekrautblüten, Birkenblätter, Kümmel und Koreanderfrüchte kommen in Frage.

Sie können nun diese drei Teemischungen immer wiederholen oder aber, je nach Bedarf, noch andere Tees zusammenstel-

---

1 Allerdings sollten Sie über eine gute Kenntnis der Kräuter verfügen, denn einige (etwa das Schöllkraut) können sehr schnell sehr giftig wirken. Falls Sie dieses Wissen erst erwerben wollen, empfiehlt sich das Buch von Pahlow, Manfred, *Meine Heilpflanzentees*.

len. Hier noch einige Vorschläge: Für die *Atmungsorgane*: Fenchel, Lungenkraut, Huflattich, Silberweide, isländisch Moos, Spitzwegerich, Mistel, Anis, Beinwurz, Bärlauch.

Zur *Hautreinigung*: Holunderblüten, Hagebutten, Fenchel, Gänseblümchen, Anis, Birkenblätter, Lindenblüten, Salbeiblätter, Schafgarbenblüten, Schlehdornblüten, Stiefmütterchen, Wacholderbeeren, Brennessel, Ehrenpreis.

Fürs *Herz*: Mistel, Weißdornblätter und -blüten, Arnika, Tausendgüldenkraut, Melisse, Rosmarin, Lavendel, Malve.

Und zum Abschluß noch einen *Nerventee*, den Sie immer mal wieder zwischendurch trinken können, jedoch vor allem am Abend: Baldrian, Melisse, Hopfen, Lavendel, Johanniskraut, Weißdornblätter und -blüten, Rosmarin, Fenchel, Ringelblume, Salbei, Ehrenpreis.

Vorkommen, Pflückzeit, Mischungsangaben und Zubereitung können Sie den verschiedensten Kräuterbüchern entnehmen.

A4

II. Säfte: Besonders wichtig ist, daß Ihre Säfte frisch und möglichst aus unverfälschten Früchten hergestellt werden. Wenn Sie viel Zeit und Mühe aufwenden können, ist es sicher das beste, Sie pressen sich die Früchte selbst aus, sonst besorgen Sie sich einfach Ihre Lieblingssäfte. Hier aber trotzdem einige Spezialtips: Bei Herz- und Kreislaufbeschwerden haben Säfte generell den Vorteil, daß sie bei sehr geringem Natrium-

und hohem Kaliumgehalt eine deutliche Wasserausschwemmung bewirken. Besonders der Weißdornsaft (Crataegus) zeichnet sich dadurch aus, daß er die Herzarbeit ökonomischer gestaltet.

Für den Magen: Bei Sodbrennen aufgrund erhöhter Magensäureproduktion bewährt sich Kartoffelsaft langsam und am besten löffelweise genossen. Bei zu geringer Säureproduktion empfehlen sich fast alle pflanzlichen Bittersäfte, besonders aber Wermutsaft. Bei Magen- und Zwölffingerdarmgeschwüren hat Weißkohlsaft eine gute Wirkung – täglich circa 1/2 Liter löffelweise getrunken. Bei Neigung zu chronischer Verstopfung kann ein Glas Sauerkrautsaft morgens nüchtern getrunken in leichteren Fällen die Verdauungsarbeit wieder vollständig in Gang bringen.

A5

III. Fastensuppen: Kartoffel-, Tomaten-, Sellerie- oder Kräutersuppen, die absolut *salzlos* zubereitet werden müssen und keine festen Bestandteile enthalten sollten. Zum Würzen empfehlen sich salzlose Kräuterwürzen aus dem Reformhaus, aber auch alle möglichen natürlichen Gewürze.

Ein beliebtes Beispiel: Man nehme: ein halbes Pfund Kartoffeln mit Schale, 2–3 Karotten, eine halbe Sellerieknolle, etwas frische Petersilie und Kümmel.

Alles zerkleinern und ca. 1/4 Stunde kochen, noch besser im Schnellkochtopf (ca. 5–6 Minuten). Das Ganze durchpassieren und z. B. mit Gewürzen wie Dill, Muskatnuß, Basilikum, Majoran abschmecken.

Schleimsuppen: (Besonders für Magenempfindliche geeignet.)

a) Leinsamenschleim: z. B. 15 Gramm Linusit in 1/2 Liter Wasser ca. 5 Min. kochen. (Vorsicht, Linusit kocht sehr leicht über – großen Topf nehmen!) Nach einigen Minuten läßt sich der Schleim, und nur um den geht es, leicht abgießen.
b) Haferschleim: 2–3 Eßlöffel gute Haferflocken in 1/2 Liter Wasser kochen und dann durchpassieren.
c) Reisschleim: 2–3 Eßlöffel in 1/2 Liter Wasser kochen und durchpassieren. Der Geschmack kann mit etwas Honig oder Säften variiert werden.

A6
Leibwickel–Leberpackung

Nehmen Sie ein normales Leinentuch, falten es der Länge nach und tränken ein Drittel davon mit heißem Wasser. Wir machen in diesem Fall einen heißen Wickel, im Prinzip können Sie diesen Wickel jedoch auch kalt machen und er wird einen ähnlichen Effekt haben. Dann falten Sie das Tuch so, daß die trockenen Schichten über die nassen zu liegen kommen, und packen das Ganze auf den Leib in Höhe der Leber, d. h. über den rechten Rippenbogen. Darüber legen Sie noch eine Wolldecke oder gleich die Bettdecke. Sie können auch noch eine

Wärmflasche darauf packen und bei Bedarf auch an die Füße. Während dieser heißen Leberpackung schläft man häufig ein, und das ist auch gut. Danach etwas vorsichtig wieder aufstehen und vielleicht gleich einen belebenden Schluck Honigtee trinken.

A7
Wassertreten

Diese von Kneipp in ihrer gesundheitlichen Wirkung erkannte Maßnahme ist sehr einfach: Sie suchen sich eine Stelle kalten Wassers und gehen darin herum, indem Sie die Füße immer wieder herausheben. Wichtig ist lediglich, daß das Wasser kalt und sauber ist. Wo es sich befindet, ist dabei sekundär. Ein Bach in der freien Natur mag angenehmer sein, aber die Badewanne tut es auch. Danach ist es wichtig, die Beine nicht abzutrocknen, sondern ins Bett zu gehen, sie dort trocknen zu lassen oder aber sich warme Socken überzustreifen und so lange zu gehen, bis die Füße wohlig warm sind. Ähnlich einfach durchzuführen und auch sehr wirksam ist das Tautreten. Laufen Sie einfach morgens durch eine taunasse Wiese und gehen wieder mit den nassen Beinen ins Bett, bis sie warm sind oder ziehen sich warm an. Eine ähnliche, eher noch stärkere Wirkung hat das Laufen im Schnee. Dazu sollten Sie sich allerdings einen Platz mit frisch gefallenem, sauberem Schnee suchen. Weitere Anregungen dieser Art können Sie den Büchern von Pfarrer Kneipp entnehmen.

A8
Ansteigendes Fußbad

Falls Sie sich nicht lieber das bequemere und effizientere Kreislaufgerät (A13) leisten wollen, gehen Sie folgendermaßen vor: Beginnen Sie mit *lauwarmem* Wasser, das Sie in eine Wanne oder in einen Eimer füllen – es sollte etwa bis zu den Knöcheln reichen. Stellen Sie nun Ihre Füße hinein und lassen Sie *heißes* Wasser zufließen, so daß Ihre Füße und dann reflektorisch auch der übrige Körper immer wieder neue Wärmereize bekommen. Nach etwa einer Viertelstunde wird Ihr ganzer Körper wohlig warm sein. Beenden Sie das Fußbad mit einem *kalten* Abwaschen oder Abspritzen der Füße. Gehen Sie danach mit den nassen Füßen ins Bett und lassen sie dort trocknen oder ziehen Sie sich gleich warm an.

A9
Yoga–Asanas

Es ist hier nicht möglich, diese Übungen so zu schildern, daß Sie sie zu Hause allein ausführen können. Es gibt auch genug Bücher über Hatha-Yoga. Nur möchte ich einige grundsätzliche Dinge zu den Yoga-Asanas sagen. Wenn Sie diese Übungen als Ersatz für Gymnastik durchführen, haben Sie sie im Prinzip mißverstanden. Obwohl natürlich auch die Gymnastik gerade beim Fasten als Bewegungstherapie ihren Wert hat. Bei den Asanas geht es aber gerade nicht um Bewegung, sondern um Ruhe. Es sind Haltungsübungen. Gerade, weil sie den für uns im Westen so wichtigen Gegenpol zur Aktivität, die Ruhe betonen, sind sie auch während des Fastens so förderlich. Ruhe empfinden zu lernen, ist ja, wie wir gesehen haben, ein wichtiger Teil der Fastenkur. Sie sollten bei diesen Übungen alles vermeiden, was weh tut, was Sie anstrengt oder gar ins Schwitzen bringt. Gehen Sie bei all den Dehnungen und Streckungen so weit, bis Sie Widerstand spüren. Das nächste Mal können Sie vielleicht ein Stückchen weiter gehen. Vor Ehrgeiz aber sollten Sie sich hüten. Der besondere Wert liegt gerade darin, ganz allmählich Ihren Körper empfinden- und kennenzulernen. Gehen Sie ganz hinein in diese Übungen und spüren Sie, wie sich Ihr Körper dabei fühlt. Die Wirkung der einzelnen Übungen auf die verschiedenen Organe und Drüsen können Sie den speziellen Hatha-Yoga-Büchern entnehmen. Am besten ist es allerdings, Sie stellen Ihr Programm mit jemandem, der Erfahrung hat, zusammen, suchen sich für den Anfang eher einfache Übungen aus oder, wenn sie schwerer sind, führen Sie sie nur genau so weit aus, wie es Ihnen leicht fällt. Der Wert der Asanas liegt neben der Bedeutung für die Organe vor allem in der Grundhaltung, die sie voraussetzen, die sie ihrerseits aber auch fördern.

A10
Trockene Bürstungen

Mit einer mittelharten Bürste bürstet man sich vom Scheitel bis zu den Füßen. Die Striche werden immer zum Zentrum, d. h. zum Herzen geführt. Also von der Peripherie zur Körpermitte, etwa von den Fingerspitzen zum Körper. In ca. 3 Minuten kann alles vorüber sein, und die Hautfunktion ist sehr einfach und schnell und doch wirksam angeregt und über die verschiedenen Reflexzonen auch tiefere Bereiche. Natürlich kann man sich viel mehr Zeit für diese Übung nehmen. 3 bewußte Minuten sind aber besser als 30 unbewußte.

A11
Bäder und Zusätze

Bei den Bädern ist zuerst einmal zu warnen: nicht öfter als 3 mal pro Woche und möglichst nicht über 37° C – auf gar keinen Fall aber über 40° C. Hier kann es sehr unangenehm werden. Nach dem Bad eine halbe Stunde ruhen. Am selben Tag die Leberpackung weglassen. Die Badezusätze sollten sich nach den jeweiligen Beschwerden richten, so ist etwa ein Heublumenbad bei rheumatischer Belastung förderlich. Von Gesunden sollten keine spezifischen Zusätze verwendet werden. Zur allgemeinen Entspannung und Beruhigung empfiehlt sich ein Fichtennadelzusatz. Von der pharmazeutischen Industrie gibt es eine ganze Reihe spezifischer, aber auch unspezifischer Bäder – jedoch sollten Sie die Verwendung medizinischer Bäder mit Ihrem Arzt besprechen. Ansonsten wählen Sie einfach diejenigen aus, die Sie am besten riechen können, das kann gerade während des Fastens angenehm sein. Oder Sie folgen dem Essener-Vorbild und lassen es einfach bei klarem Wasser.

A12
Mundspülungen

Sie werden mit zunehmender Entgiftungsreaktion, spätestens am 3. Fastentag wichtig. Folgende Zusammenstellung empfiehlt sich nach Buchinger: 3 Tropfen Arnika-Tinktur und etwas Zitronensaft in ein wenig Wasser geben. Damit gründlich spülen, und das Wasser durch die Zähne hindurchziehen, jedoch nicht schlucken. Wenn Sie hier fertige Produkte bevorzugen, empfehlen sich vor allem die Präparate von Wala und Weleda.

A13
Das Schiele-Kreislaufgerät

Nachdem ich in den früheren Auflagen dazu angeregt hatte, die Fußbäder im eigenen Eimer nachzuvollziehen, muß ich nach einigen Jahren Erfahrung mit dem Kreislaufgerät doch sagen, daß es nicht zu ersetzen ist. Irgendeiner der Effekte geht immer verloren, zumindest die Ruhe. Aber auch der Reflexzoneneffekt nimmt zumindest ab, wenn das Wasser sich nicht gleichmäßig erwärmt. Darüber hinaus wird der Eimer oder die Badewanne immer voller, was wiederum für alle Bindegewebsprobleme, wie Krampfaderneigung, sehr nachteilig ist. Vor allem aber gibt man das eigene Unterfangen bald auf, weil es lästig ist und gerade keinen Spaß macht. Das komplette Schiele-System mit entsprechendem Fußvorweichöl, Kreislaufgerät, Badezusätzen und dem Nachbehandlungsmittel (Kavitham) macht Spaß. Und zumindest für alle jene, die ihre Fastenkur schon mit niedrigem Blutdruck oder chronischen Krankheiten beginnen, ist es eine unschätzbare Hilfe. Zum Glück kann man das Gerät bei der Firma auch per Post entleihen (DM 2,– pro Tag). Genauere Informationen über alle Einzelheiten erhalten Sie bei: Fritz Schiele, Arzneibäder-Fabrik, Saseler Weg 14, 22359 Hamburg.

Aus dem Informationsmaterial ergibt sich die Zuordnung der Badezusätze, auch für den medizinischen Laien sehr einfach:

Selektron: Für alle Männer bis 45 Jahre und alle Frauen bis 40 Jahre.

Selektron mit Blütenöl: Für alle Patienten im »Streß« (mit nervösen Beschwerden).

Placenta-Bad: Für alle Frauen über 50 und Männer über 45 Jahre.

Frauenbad: Für Frauen von 40 bis 50 Jahren (vor, im und nach dem Klimakterium).

A14
Rezepte für die Aufbautage

Es kann sich natürlich auch hier nur um Vorschläge handeln. Doch bewährt es sich bei wenig Erfahrung, sich relativ streng an den dahinter erkennbaren Sinn zu halten. Weglassen können Sie immer – aber seien Sie sehr vorsichtig, wenn Sie etwas hinzufügen –, vor allem aber schreiben Sie das meist darauf folgende Unwohlsein Ihrem eigenen Besserwissen zu und nicht dem Fasten.

Das Fastenbrechen – 1. Tag

Break-fast (Frühstück): Ein reifer Apfel (sehr Empfindliche können ihn auch dünsten).

Am Abend: Kartoffelsuppe mit frischem Gemüse und Kräutern (kein Salz!). Sie darf nun feste Substanzen enthalten, aber kauen Sie gut!

2. Tag

Morgen: Kräutertee (machen Sie ruhig Ihr Teeprogramm während des Aufbaus noch weiter, das entlastet Ihren Organismus). Auf alle Fälle müssen Sie gerade während des Aufbaus weiter viel trinken – mindestens also 1 1/2 Liter – am besten 2. Ein reifer Apfel, ein Knäckebrot, ca. 50 Gramm Magerquark mit Leinöl[1] angemacht, wenn Sie das mögen (dazu können Sie noch Kräuter oder aber auch Honig geben).

---

1 Siehe auch: Budwig, Johanna, *Die Öl-Eiweiß-Kost.*

Mittag: Rohkost (z. B. geriebene Karotten und Sauerkraut), dazu Kartoffelbrei oder 1 Eßlöffel Naturreis oder Quark mit Leinöl.

Abend (nicht nach 18 Uhr!): Kräutertee, 2 reife Äpfel, ca. 50 Gramm Magerquark mit Leinöl, entsprechend angemacht, 1 Knäckebrot. Denken Sie daran, 2 Feigen oder Backpflaumen für den nächsten Morgen einzuweichen!

3. Aufbautag

Morgen: Tee, die eingeweichten Feigen oder Backpflaumen. 2 Knäckebrote mit Diäsan[1] oder auch Butter, ca. 50 Gramm Quark mit Leinöl.[1]

Mittag: Frischer Salat, Rohkost oder Kartoffelbrei mit Gemüse (Tomaten, Spargel, Spinat), danach Quarkspeise.[1]

Abend: 1 Vollkornbrot mit Diäsan, Tomaten, Rettich, Radieschen, Obst (gut kauen!).

4. Aufbautag

Morgen: Quarkmüsli[1] oder Birchermüsli, 2 Knäckebrote, Honig.

Mittag: Pellkartoffeln mit Kräuterquark[1] und Salat oder Rohkost, Buttermilch oder Milch. (Bei Milch sollten Sie sich immer vergegenwärtigen, daß es sich hier um ein Nahrungsmittel, nicht um ein Getränk handelt. Sie sollten Milch auf

---

1 Bezieht sich immer auf die Öl-Eiweiß-Kost. Natürlich können Sie den Quark aber auch anders anmachen oder ganz ersetzen, in Maßen etwa durch Joghurt.

keinen Fall hinunterschütten, was Sie aber eigentlich auch mit keinem Getränk tun sollten.)

Abend: Knäckebrot mit Diäsan[1], 1–2 Eßlöffel Hüttenkäse, Joghurt, Obst.

5. Aufbautag

Morgen: Quarkmüsli[1], Knäckebrot, Joghurt.

Mittag: Rohkostplatte, Gemüse mit Quark[1], Obst.

Abend: Salatplatte, Vollkornbrot, Quark mit Kräutern[1].

Auch zum Ende der Aufbauzeit noch täglich 1 1/2 Liter trinken!

Noch mindestens eine Woche mit leichter vegetarischer Kost fortfahren!

Literaturhinweise

Allgemein

Dahlke, Ruediger/Dahlke, Margit, *Die spirituelle Herausforderung. Eine Einführung in die Esoterik*, München 1993

Dethlefsen, Thorwald, *Schicksal als Chance*, München 1993[41]

Székely, Edmond, *Friedensevangelium der Essener*, Südergellersen 1987[9]

Speziell zum Fasten

Buchinger, Otto, *Das Heilfasten*, Stuttgart 1992 (unveränderte Neuaufl.)

Fahrner, Heinz, *Fasten als Therapie*, Stuttgart 1991 (neubearb. Auflage)

Lützner, Hellmut, *Wie neugeboren durch Fasten*, München 1990[27]

Zimmermann, Walther, *Gewicht – leicht gemacht*, Stuttgart 1987[2]

Zum Essen

Budwig, Johanna, *Die Öl-Eiweiß-Kost*, Freiburg 1968[2]

Chaitow, Leon, *Natürliche Wege zu einem langen Leben*, München 1994

Lützner, Hellmut/Million, Helmut, *Richtig essen nach dem Fasten*, München 1989[5]

Pahlow, Manfried, *Meine Heilpflanzen-Tees*, München 1989[3]

Possin, Roland, *Vom richtigen Essen – Ernährung im Einklang mit den vier Elementen*, München 1995

Werdin, Sitha, *Die Gemüseapotheke*, München 1995

Zum Thema Bildermeditation

Dahlke, Ruediger, *Reisen nach Innen – geführte Meditationen auf dem Weg zu sich selbst*, München 1994[2] (+ 2 Kassetten)

Johnson, Robert, *Bilder der Seele*, München 1995

Miller, William A., *Der goldene Schatten*, München 1994

Zur praktischen Begleitung einer runden Fastenzeit

Dahlke, Ruediger, *Mandalas der Welt – ein Meditations- und Malbuch*, München 1990

Fischer-Rizzi, Susanne, *Aromamassage*, München 1995[2]

Höting, Hans, *Qi-Gong*, München 1992

Laskow, Leonard, *Heilende Energie*, München 1995

Ornstein, Robert/Sobel, David, *Gesund durch Lebenskraft*, München 1994

Weissman, Rosemary/Weissman, Steve, *Der Weg der Achtsamkeit*, München 1994

Seelennahrung während des Fastens

Bach, Richard, *Die Möwe Jonathan*, Berlin 1989

Blum, Bruno/Dahlke, Ruediger, Erde–Feuer–Wasser–Luft, Freiburg 1995

Dahlke, Ruediger, *Habakuk und Hibbelig*, München 1994

Gibran, Khalil, *Der Prophet. Wegweiser zu einem sinnvollen Leben*, Düsseldorf 1995[30]

Ruf, Oskar, *Die esoterische Bedeutung der Märchen*, München 1992

Veröffentlichungen von Ruediger Dahlke

Bücher:

Woran krankt die Welt – Moderne Mythen gefährden unsere Zukunft, Riemann 2001

Die Säulen der Gesundheit – (mit B. Preiml und Franz Mühlbauer), Hugendubel 2000 (gebundene Ausgabe) und Goldmann 2001 (Taschenbuch)

Hermetische Medizin – (Dahlke, Papus, Paracelsus), lim. Sonderausgabe, AAGW. Lothar v. Kübelstr. 1, 76547 Sinzheim

Frauen-Heil-Kunde – Be-Deutung und Chancen weiblicher Krankheitsbilder (mit Margit Dahlke und Volker Zahn), C. Bertelsmann 1999

Das Arbeitsbuch zur Mandala-Therapie, Hugendubel 1999

Wege der Reinigung – Entgiften, Entschlacken, Loslassen (mit Doris Ehrenberger), Hugendubel 1998

Krankheit als Symbol – Handbuch der Psychosomatik, C. Bertelsmann 2000

Spirituelles Lesebuch (mit Margit Dahlke), Scherz 1996

Lebenskrisen als Entwicklungschancen – Zeiten des Umbruchs und ihre Krankheitsbilder, Goldmann 1999

Krankheit als Sprache der Seele – Be-Deutung und Chance der Krankheitsbilder, Goldmann 1997

Reisen nach Innen – geführte Meditationen auf dem Weg zu sich selbst (+ 2 Kassetten), Irisiana – Hugendubel 1994

Mandalas der Welt – Ein Meditations- und Malbuch, Hugendubel 1985

Krankheit als Weg – Deutung und Be-Deutung der Krankheitsbilder (mit Thorwald Dethlefsen), C. Bertelsmann 1983

Bewußt Fasten – Ein Wegweiser zu neuen Erfahrungen, Goldmann 1996

Das senkrechte Weltbild – Symbolisches Denken in astrologischen Urprinzipien (mit Nikolaus Klein), Hugendubel 1990

Der Mensch und die Welt sind eins – Analogien zwischen Mikrokosmos und Makrokosmos, Hugendubel 1990

Die Spirituelle Herausforderung – Einführung in die zeitgenössische Esoterik (mit Margit Dahlke), Heyne 1994

Habakuck und Hibbelig – das Märchen von der Welt, Heyne 1994

Erde – Feuer – Wasser – Luft (Photos: Bruno Blum), Bauer 1995

In der Knaur-Taschenbuchreihe »Alternativ Heilen«:

Die Psychologie des blauen Dunstes – Be-Deutung und Chance des Rauchens (mit Margit Dahlke), München 1989

Gewichtsprobleme – Be-Deutung und Chance von Über- und Untergewicht, München 1989

Herz(ens)probleme – Be-Deutung und Chance von Herz-Kreislauf-Problemen, München 1990

Verdauungsprobleme – Be-Deutung und Chance von Magen- und Darmproblemen (mit Robert Hößl), München 1990

Geführte Meditationen (CD/MC) im Programm von Goldmann Arkana Audio:

Reihe *»Heil-Meditationen«* mit den Titeln: Allergien, Angstfrei leben, Elemente-Rituale, Entgiften – Entschlacken – Loslassen, Frauenprobleme, Gewichtsprobleme, Heilungsrituale, Der innere Arzt I und II, Lebenskrisen als Entwicklungschancen, Mandalas – Wege zur eigenen Mitte, Mantras der Welt, Naturmeditation, Niedriger Blutdruck, Partnerbeziehungen, Schlafprobleme, Schwangerschaft, Den Tag beginnen, Tiefenentspannung, Tinnitus und Gehörschäden

Kindermeditationen: Ich bin mein Lieblingstier, Märchenland

Zu beziehen über den Buchhandel

Bei Denzel und Partner, Ludwigsburg, Tel.: 0 71 41 / 2 31 70

1. Heil-Meditation, 2. Gesundheit aus eigener Kraft

Musik des Heil-Kunde-Zentrums (Claudia Fried und Bruce Werber)

Trommeln der Welt, Mantras der Welt II und Trance, zu beziehen beim Rhythmus-Verlag, Tel. 00 49 (0)85 64 / 94 07 47, Fax 91 91 45

Vorträge auf Audiokassetten:

Zu beziehen über: Carpe Diem, Nikolaus Gfrerer, Brucker Allee 14, A-5700 Zell am See, Tel. und Fax: 00 43 / 65 42 / 5 52 86

1. Der Mensch und die Welt sind eins. 2. Krankheit als Weg. 3. Krankheitsbilder unserer Zeit. 4. Sucht und Suche. 5. Fasten – Gesund durch Verzicht. 6. Krankheit als Sprache der Seele. 7. Heilung durch Meditation – Reisen nach Innen. 8. Gesunder Egoismus – Gesunde Aggression. 9. Lebenskrisen – Lebenschancen. 10. Medizin der Zukunft. 11. Spirituelle Herausforderung. 12. Krankheit als Symbol. 13. Wunden des Weiblichen. 14. Wege der Reinigung – Entgiften, Entschlacken, Loslassen. 15. Säulen der Gesundheit. 16. Gesundheit in eigener Verantwortung. 17. Möglichkeiten ganzheitlicher Heilung. 18. Medizin am Scheideweg. 19. Krankmachende und heilende Rituale. 20. Reinkarnationstherapie – Psychotherapie

12 Sternzeichenmeditationen (mit Margit Dahlke)

Ausbildungen von Ruediger und Margit Dahlke:

Grundausbildung *»Archetypische Medizin«*

Weiterführende Ausbildungen: AtemtherapeutIn, MeditationslehrerIn, FastenberaterIn und ReinkarnationstherapeutIn

Info: Heil-Kunde-Institut; A-8020 Graz; Kernstockgasse 21; Tel.: 00 43-(0)3 16-7 19 88 85; Fax: -7 19 88 86; E-Mail: info@dahlke.at; Internet: www.dahlke.at

Informationen zu Psychotherapien, Beratungen, Seminaren:

Dr. med. Ruediger Dahlke, Heil-Kunde-Zentrum, Schornbach 22, D-84381 Johanniskirchen, Tel.: 00 49-(0) 85 64 / 819; Fax: 00 49-(0) 85 64 / 14 29; E-Mail: hkz-dahlke@T-online.de; Internet: www.dahlke.at